上級國民／下級國民

當加薪、買房、搭郵輪、談戀愛、休長假永遠與你無關，還能怎麼辦？

作者——橘玲 TACHIBANA AKIRA
譯者——林雯

目次

PART 2 「受歡迎者」與「不受歡迎者」的分裂

開啟「戀愛話題」的目的是？
對女性「最大的威脅」
「擁有」與「受歡迎」
女性不在意「階層」？
為什麼女學生想出國留學？
現代社會是「事實上的一夫多妻制」
「受歡迎者」與「不受歡迎者」的分裂
男性解放運動與厭女
年收入低的男性無法結婚
「難以步入婚姻」的男性
「不受歡迎者」的恐怖主義
「大黑狗」的問題
神與英雄

PART 3

「上級／下級的分裂」造成世界動盪不安

知識社會化、自由化、全球化
嬉皮文化的勝利
「絕望死」的白人
世界發生「不合常理的事件」
預言「中產階級崩解」的經濟學家
創意階級的興起
取得勝利的同時，也歷經失敗
「新上流階級」聚集的都市
「新下流階級」聚集的城鎮
已開發國家也發生同樣的事
美國社會的分裂
「黑人保守派」是哪些人？
富裕的網路自由主義者
一般美國人與菁英
鄉民在氣什麼？

編按：內文小字為譯註。

前言

二〇一九年四月，在日本東京池袋地區的斑馬線上發生了汽車暴衝事件，一個八十七歲的男性駕駛撞上三十一歲的婦女及其三歲女兒，兩人雙亡，此事引起輿論譁然，網路上充斥「上級國民/下級國民」的奇妙用詞。

車禍肇事者曾任高官，離開官職後，還擔任業界行會會長與大型機械廠商董事，二〇一五年獲頒給資深公務員的「瑞寶重光章」勳章。此交通事故發生兩天後，神戶市營公車也釀成兩人死亡的車禍，司機被依現行犯逮捕。大眾紛紛猜測，「池袋車禍肇事者不但未遭逮捕，大眾媒體報導時，還在他的名字後加上『先生』，一定是因爲他是『上級國民』」「神戶公車司機因爲是『下級國民』才會被捕」。

如媒體報導所述，池袋車禍肇事者未被逮捕，是因爲他年事已高，又骨折住院；媒體在他的名字後加上「先生」，是因爲「嫌犯」這個詞只用在被逮捕或被通緝的人身上；不過，這種「說法」完全說服不了眾人。

二〇一九年五月，川崎市一名五十一歲的無業男子，攻擊上學途中的小學生。四天後，一位曾任農林水產事務次長的男性，在家中刺死了四十四歲的長子。這個長子平時就會對父母暴力相向，案發當日，隔壁區立小學舉辦運動會，他爲噪音所擾，大發雷霆，說出「我要殺掉他們」之類的話。父親聽見，便斷然殺了兒子，他在供詞中表示：「不能讓他把憤怒的矛頭指向那些孩子。」

網路上有許多發言對此多表困惑，因爲鄉民認爲，這位父親做官做到事務次長，已達事業高峰，屬於「上級國民」；但繭居家中的無業長子卻是「下級國民」。

「上級國民」這個詞彙，是出現在二〇一五年東京奧運會徽爭議的脈絡下。

當時，有人指出著名的平面設計師設計的會徽酷似國外劇場的商標。接著，其過去的作品也被爆疑似抄襲，衍生出嚴重的社會問題。當時，身爲日本平面設計界泰斗，也是選出有問題會徽的審查委員長表示：「設計師的解釋說服了專家，但一般國民難以理解。很遺憾，那並不容易懂。」這番言論很快便傳開了。

審查委員長的言論，大有「外行人不該反批專家」的意味。這種輕視一般國民的態度遭到大家批判，與「一般國民」成對比的「上級國民」一詞也迅速廣傳（引自ニコニコ大百科的「上級國民」項目）。

這個詞最初只是網路用語，表示「專家／非專家」之別，但不知何時開始，漸漸廣為大眾使用，而池袋車禍事件則是爆發「日本社會是由上級國民支配」「我們下級國民單方面被剝削」怨恨的燃點。

專欄作家Kazuyuki Obata評論令和改年號的十天連假一事時，在推特發表了〈「上級國民」此網路用語的普及顯示了日本人的內心狀況〉，寫出下列句子：

「（到羽田機場的）單軌電車上都是要去度假的上級國民大人」

「只有三成的全體國民真正擁有十天連假。能這麼輕鬆過活的，只有上級國民吧」

「十天連假這種事是上級國民大人的活動；下級國民要義務勞動（抖）」

「薪水總額十五萬日圓，一週工作六天，一個月工作二十五天，盂蘭盆會或新年也要工作，簡直如同奴隸。嚴苛的公務員、在ＮＨＫ任職的上級國民們大概無法理解吧」

「下次轉世不要當人，當蟬比較好。這樣，還可能當不上上級國民」

Obata在這篇文章指出，上級國民與「菁英」「名人」「上層（上流）階級」有微妙的差異。

在現代社會，「菁英」「名人」是「努力實現的目標」；「上層階級」（Upper-class）／下層階級（Under-class）則是類似前現代區分貴族與平民的身分制度。

不過，後來階級（Class）漸漸能夠流動（從下層「往上升」）；但「上級國民／下級國民」之分，是靠個人努力也徒勞無功的冷酷自然法則。

一旦落入下級國民的境地，就會一直是「下級國民」到老死。能獲得幸福人生的只有「上級國民」而已。

這就是現在日本社會多數人的肺腑之言。

本書的PART 1，說明泡沫經濟崩壞後，下級國民如何在平成時代的勞動市場產生。一九九〇年代後半到二〇〇〇年前半，「雇用破壞」在全日本引發不安，此處將引用各種資料，說明大家不甚清楚的事實，如「守住了全體雇用正式員工這道防線」等。經此分析，令和時代的日本社會樣貌，應該更能漸漸浮現在大家眼前。

PART 2將論述「上級國民／下級國民」與「受歡迎者／不受歡迎者」的關係。「受歡迎／不受歡迎」也是廣傳的網路用語，據說現代日本年輕男性可分爲「受歡迎」（現充，指現實生活充實）與「不受歡迎」（現終，指活躍於網路、遊戲上，但現實人生受阻）兩種。在這裡會提到性愛（受歡迎），是因爲富裕社會中的幸福，歸根結柢還是擁有愛情生活的充實。而「上級國民」就是「受歡迎（擁有）者」；「下級國民」就是「不受歡迎（非擁有）者」。

PART 3將思考除日本之外，全世界（以已開發國家爲主）是在何種背景之下，也逐漸發生「上級國民／下級國民」之區別。美國選出川普總統、英國的脫歐、法國的黃背心運動等撼動歐美社會的事件，每件都是「下級國民」對「上級國民」發起的抗議。「白人」或「男性」一直以來被視爲社會主流，但此核心已產生極深裂痕，社會因而大幅動盪。

爲何全世界都發生同樣的現象？我認爲是因爲「知識社會化、自由化與全球化」的巨大浪潮所致。這股潮流使**整個**世界變富裕，但相反地，並未爲**所有人**帶來幸福，甚至造成已開發國家的主流白人男性斷裂爲「上級國民／下級國民」。

「現代」因工業革命（知識革命）而完成，而這段「進化」是不可逆的過程。痛批踐踏「立憲主義」的政權、宣稱是「全球主義的陰謀」、引發貿易戰爭、中央銀行反覆印鈔，都無法停止「貧富差距擴大」的現象。

那豈不表示全無希望了嗎？

事實並非如此。**社會**無法解決的問題，有可能靠**個人**的力量解決。

若能知道我們生活在什麼樣的社會、這個社會發生了什麼事，並能預測今後世界會變成什麼樣子（達到相當的準確度），對於自己與家人的生存、獲得幸福人生，必然大有助益。

PART 1

「下級國民」的產生

1　平成時代發生的事

一言以蔽之，平成三十年間就是「日本走向窮困」的時代。

一般將人均名目GDP（國內生產毛額）視為國民財富的指標。圖表1為平成元年（一九八九）至平成三十年（二〇一八），日本在全世界的財富排名。

眾所周知，一九九〇年代日本挾泡沫經濟餘威，蟬聯前五名寶座；二〇〇〇年僅次於盧森堡，高居世界第二。但之後就急轉直下，名次大不如前。

這個指標以「名目GDP」為標準，若日圓升值，排名理應提高。一九九五年時，一美元＝七九．七五日圓，正值日圓大幅升值的高峰期，當時日本確實是「世界最富裕的國家」之一。但二〇一一年十月，日圓升至戰後最高值（一美元＝七五．三二日圓），排名並未明顯上升。之後，安倍內閣採取金融寬鬆政策，日圓貶值，排名便一口氣從十幾名降到二十六名。這顯示了日

圖表1 日本人均名目GDP排名（1989～2018）

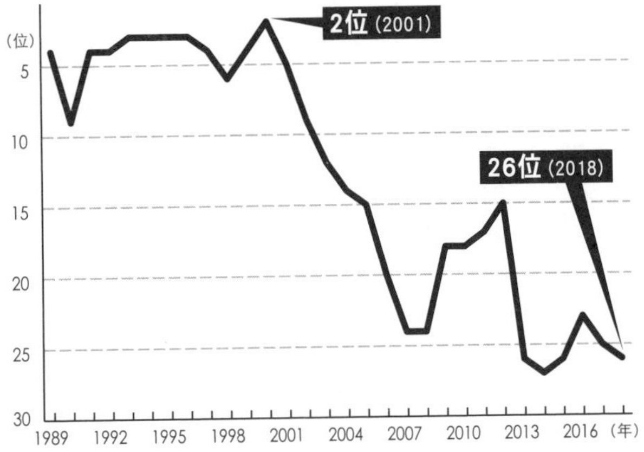

圓無論升或貶值，日本人變窮的事態相當嚴重。

二〇一八年，日本的人均名目GDP排名世界第二十六。跟亞洲其他地區相比，澳門排名世界第三、新加坡排名世界第八、香港排名世界第十七，皆遙遙領先日本，而韓國（排名三十一）也即將迎頭趕上。日本在G7（七大工業國）中的排名也從第一降到第六。從前日本的GDP占全世界的一五%，在三十年內減少至六%。

日本經濟持續低迷的這三十年

間，以中國、印度為首的新興國家拜全球化之賜，國民財富大幅增長，訪日觀光客增加。這點固然值得高興，但對亞洲一般民眾而言，日本已成了「便宜又方便旅遊的國家」。

所有日本人都應正視這個「令人不悅的事實」。

全世界最痛恨公司的是日本上班族

「參與度」是判斷員工對公司的參與程度、對工作的情感標準。參與度高的員工積極工作，對公司忠誠；參與度低的員工工作態度消極，對公司反感。當然，員工參與度愈高，公司的生產力愈高。

近幾年，參與度的重要性逐漸廣為人知。許多顧問公司與各種機構都比較並公布了跨國的參與度數據。日本經濟令人「不願面對的真相」是，幾乎所有調查都顯示，日本勞工（受薪階級）的參與度非常低。在世界二十二國的參與度調查中，評價分數最高的是印度（二五％），其次是墨西哥（一九％），美國居中（一%），日本則居末（負二三%）。

日本在一九八〇年代，每人全年平均總工時超過二千小時，在已開發國家中遙遙領先；二〇一五年減少至一千七百一十九小時（美國則是一千七百九十小時，反超過日本）。儘管如此，日本十五～六十四歲的男性上班族工時仍是世界最長。這是因爲短工時的非典型就業增加，造成正職勞工的工時變長、免費加班的情況增加所致。

日本經濟另一個令人「不願面對的眞相」則是，勞動生產力只有美國的三分之二。日本勞工所創造的人均利潤（附加價值）爲八萬四千零二十七美元，只有美國勞工（十二萬七千零七十五美元）的六六%；在經濟合作暨發展組織（OECD）三十六國中排名第二十一；從一九七〇年以來可取得的G7相關資料顯示，日本一直蟬聯最末位（二〇一七）。

生產力與薪資兩者成高度的正相關。生產力愈高的國家，國民的平均薪資愈高；企業的生產力愈高，員工的薪資愈高。反過來說，日本人逐漸貧窮的原因，就是「生產力比其他國家低」。

國際成人技能調查（PIAAC）爲十六～六十五歲成人工作所需能力的國際調查，包括「讀寫能力」「運算能力」及「解決科技問題能力」等項目。上述調查的主要調查對象爲OECD中的二十四個國家、區域，約十五萬七千人。日本於二〇一三年公布以此內容爲梗概的「國際成人人力調查」。調查結果顯示，日本人幾乎在所有項目居冠，與國外勞工相比毫不遜色。生產力這麼低，無非是日本人的勞動方式或日本社會結構的問題。

總之，**在主要已開發國家中，對工作與公司最反感的是日本上班族，而工時最長、勞動生產力最低的也是日本上班族**。這就是從前的經濟大國——日本的「眞面目」。

平成三十年間，日本無論右派（保守派）或左派（自由派）的知識分子皆咒罵「新自由主義」與「全球主義」，認爲年功序列制與終身雇用制使日本人生活幸福，不斷呼籲「絕不允許（正職勞工的）雇用被破壞」。但觀諸事實，這些主張顯得荒誕無稽。日本的雇用制度，亦即日本的社會結構，正是日本人不幸的元凶。

正職勞工比例沒有改變？

從一九八〇年代到二〇〇〇年代，日本的社會、經濟發生前所未有的巨變，從「泡沫形成期」「泡沫膨脹期」，演變至「泡沫破滅期」。在這段期間，勞動市場發生了什麼事呢？

一般認為，這段時期因泡沫經濟崩潰，大企業瘋狂裁員，再加上小泉內閣的新自由主義改革，造成「雇用破壞」，正職勞工減少，非正職勞工激增。

一九九五年，日經連（日本經營者團體聯盟，現改為「經團連」）發表了「新時代『日本的經營』報告」，指出今後勞動力將分成三種：第一是長期蓄積能力活用型；第二是高度專門能力活用型；第三種則是雇用彈性型。而雇用彈性型是指在某個時間期限內雇用的兼職勞工。

後來全球主義的批判者認爲這份報告被「妖魔化」爲「雇用破壞」的元凶。他們認爲擁護全球主義的資本家與經營者爲確保利益，對勞工用過即丟，把正職勞工換成非正職勞工。

這些批判是否有根據，請參考勞動經濟學家神林龍的著作《正職的世界・非正職的世界》（正規の世界・非正規の世界），書中對此說法進行了詳細驗證。

圖表2是一九八二～二〇〇七年這二十五年間，十八～五十四歲男女「正職勞工」「非正職勞工」「自營業」「部分工時勞工／兼職勞工」「無業者」的比例，可視爲日本勞動市場從昭和末年到平成年間的整體變化（此圖爲我將神林龍書中的圖表簡化而成）。

從圖表可知，日本經濟雖因九〇年代末的金融危機而大受打擊，但正職勞工的就業狀況仍非常穩定。

一九八二年（泡沫形成期），正職勞工比例爲四六％；一九九二年（泡沫膨脹期）增至四九％；二〇〇七年（泡沫破滅期）則回到四六％。泡沫破滅期

圖表2 日本勞動市場的變化（18～54歲男女）

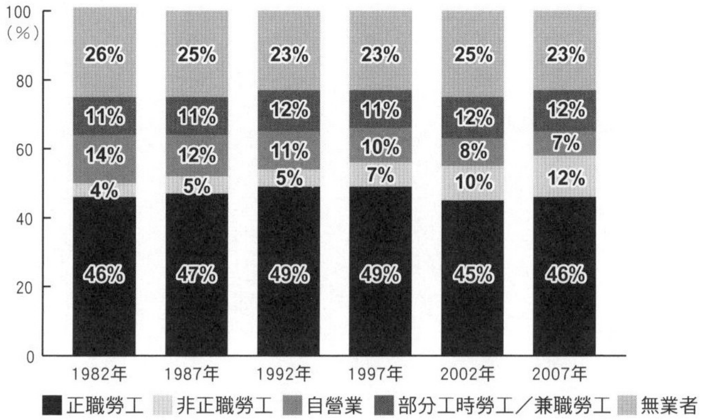

引自神林龍《正職的世界・非正職的世界》

雖比泡沫膨脹期減少三%，但整體來看，這二十五年來，日本勞動市場裡正職勞工的比例幾乎不變。

在這段期間內，大學一畢業便進入公司的男性，有三成會在三年內離職，這確實跟社會上一般的說法相同。而此後再經過十年，才又會有三成的人離職。三十歲世代的「十年後存活率」（十年後員工仍在職的比例）達七、八成。之後，離職率便呈現穩定；因爲員工一旦到了三十歲，就很少辭職。

從整體就業者來看，正職勞工

大致維持固定比例，但非正職勞工比例在一九八二年爲四％，二〇〇七年爲一二％，共增加了三倍之多。這二十五年間發生了什麼事呢？從圖中便可看出答案：自營業者減少了。

一九八二年，自營業者人口占一四％，二〇〇七年則是七％，只剩一半。減少的人流向非正職勞工，可說明這段期間的變化。

神林龍的著作中提到：「自營業衰退的情況長達三十年以上，在已開發國家中，除了日本絕無僅有。」一九八一年，日本的自營業比例爲二七．五％，在已開發國家中顯得相當特別；二〇一五年才減少至一一．一％，水準與德國的一〇．八％與澳洲的一〇．三％相距不遠。

從這個角度看，日本經濟在高度成長期雖被視爲「已開發國家」，但實際狀況似乎與高自營業人口比例的「半先進國」類似。這種現象可解釋爲日本花了二十五年，趨同（Convergence）於「已開發國家」的水準。這段期間，農業、餐飲業、中小型工廠紛紛停業，原本從事這些行業的就職者變成正職或非正職的「公司職員」。

此外，日本人口雖因少子化而減少，但在一九八二年到二〇〇七年間，受雇者（就業者）從三千二百零六萬人增爲三千五百三十五萬人，共成長了一〇%。新加入者若使整體勞動市場大餅變大，企業在增加非正職勞工時，就不需減少正職勞工。

即使在大型金融機構接連破產、「裁員」一詞蔚爲流行的時期，日本企業的長期雇用慣例依然屹立不搖。這點與社會上一般的說法不同。

女性非正職勞工增加的理由

從昭和至平成的二十五年間，雖然「守住了全體雇用正式員工這道防線」，但年輕一代的情況似乎有所不同。我們來看二十二～二十九歲女性就業狀況的變化（爲了讓大家容易理解其中的變化，圖表3刪除了未滿三〇%的部分）。

首先，我們可以看到非正職年輕女性的比例，從一九八二年的五%大幅

圖表3 **日本勞動市場的變化**（22～29歲女性）

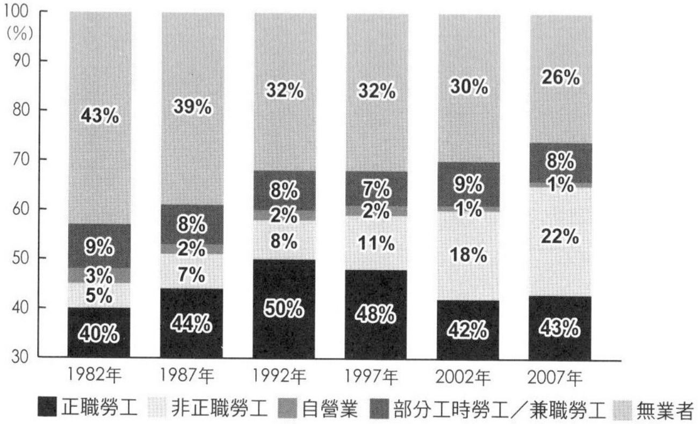

引自神林龍《正職的世界・非正職的世界》

增長至二〇〇七年的二二%。從一九九七年泡沫崩解後接下來這十年間來看，則是從一一%增爲二二%，成長了兩倍之多。

相對地，正職勞工的比例從一九九二年（泡沫膨脹期）的五〇%降到二〇〇七年的四三%，共減少七個百分點。似乎如同社會上一般的說法：正職減少，非正職增加。

不過再仔細看，年輕女性正職勞工比例在一九八二年爲四〇%，一九八七年爲四四%，與二〇〇七年的四三%幾乎無差異。這二十五年間，二十歲世代女性的就業狀況，大致上是「正職比例原本就很低，之後因泡沫膨脹期的景氣而上升，但又隨著泡沫破滅而回到原來的水準」。

那麼，為何年輕女性非正職的比例暴增呢？從圖中可看出，「無業者」從一九八二年的四三%，大幅減少為二〇〇七年的二六%。

新加入勞動市場的年輕女性中，原為「無業者」的可能大都是全職家庭主婦。她們因泡沫崩解導致家計困窘，或因價值觀改變而興起了工作的念頭。當時，日本企業雇用非應屆生或轉職者的門檻極高，她們只好做非正職工作。

「雇用破壞」如何發生？

儘管如此，「雇用破壞導致正職勞工減少，非正職勞工增加」的說法未必完全錯誤。接下來，我們來看二十二～二十九歲男性在這二十五年間的就業狀況（圖表4）。

二十歲世代男性的正職比例在一九八二年為七五%，高中、大學的畢業

圖表4 日本勞動市場的變化（22～29歲男性）

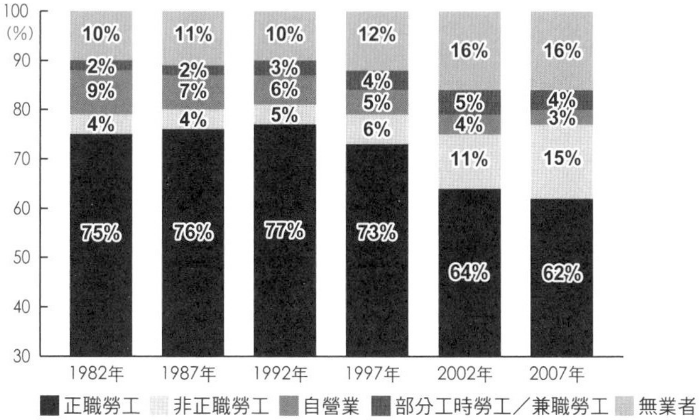

引自神林龍《正職的世界・非正職的世界》

生，四人中有三人被雇用爲正職勞工；一九九二年（泡沫膨脹期）的正職比例爲七七％，二〇〇七年驟降至六二％。年輕男性正職的減少，顯然是因泡沫破滅所致。

正職減少，由非正職取而代之。一九九二年僅有四～五％的勞工爲非正職，二〇〇七年則增至一五％，成長了三倍。一般所謂的「正職勞工的雇用被破壞，由非正職勞工取代」，確實符合二十歲世代男性的狀況（自營業在這段期間也由九％減少至三％，因爲這些人無法繼承上一代的工作）。

另一個引人注意的情況是，無業者在一九九二年有一〇%，二〇〇七年則增至一六%；其中包含失業者（有工作意願及求職行動者），與「有工作意願但未求職者」，以及「無工作意願者」。在一九九三～二〇〇五年這段「就業冰河期」，畢業後成爲非正職勞工或無業者的年輕人被稱爲「失落的一代」。

綜上所述，從「泡沫形成期」到「泡沫破滅期」的二十五年間，與社會一般說法不同的是：「整體而言」，年功序列制與終身雇用制這兩種日本雇用慣例依然保留。年輕女性從事非正職工作的情況確實大幅增加，但其中大部分原本是家庭主婦。不過，「雇用破壞」的情況確實在年輕男性間急遽發生。

既然如此，結論只有一個：**平成時期的日本勞動市場，藉由破壞年輕人（尤其是男性）的就業機會，保住中高齡者（團塊世代）的就業機會。**

逐戶訪談調查繭居族

二〇一九年三月二十九日，日本內閣府公布「全國有六十一萬三千名四十～六十四歲的繭居族」。除了在家工作、生病、全職家庭主婦／主夫、幫忙家務者之外，從「幾乎未踏出自己的房間」到「有感興趣的事才會外出」者，都囊括在繭居族的範圍中。除家人之外，六個月以上幾乎（或完全）未與其他人溝通者，四人中有三人是男性。繭居狀態達七年以上者有四七％。從二〇一五年度的調查，可推算十五～三十九歲的「年輕繭居族」有五十四萬一千人，中高齡繭居族的人數超過年輕人。

若考慮到失落的一代多數已達四十歲，就不會對這樣的結果感到驚訝。對二、三十歲時即「無業」的人而言，到四十歲才要開始工作，簡直難如登天。

調查單位以逐戶訪談的方式調查了秋田縣山本郡藤里町裡的繭居族。看了調查結果，我認為繭居人數實際上應該不止於此。

該町人口有三千二百人，六十五歲以上者占四三．六％，大幅超越全國平

均數（二七・七％），是典型的「高齡化地區」。二〇一〇年二月，該町的社會福利協會針對繭居族與長期不就業者進行實況調查，調查結果集結成《繭居族：向地區振興出發》（ひきこもり 町おこしに発つ）一書。

該協會之前以「透過社會福利進行社區營造」為方針，致力於預防與延緩失能的照護服務。在此過程中得知，原以為町中繭居者只有老人，但其實年輕繭居族也相當多，便開始調查人數。

藤里町社會福利協會針對此調查的特徵是，無論是否正處於繭居狀態，「凡十八歲以上、未滿五十五歲（學生與家庭主婦除外），無固定職業超過兩年以上者」都包括在調查範圍內；此外，社區也會提供資訊給協會，社會工作者會逐戶上門確認該戶是否有繭居的孩子。

繭居族不只一百萬人，而是五百萬人？

帶領調查的菊池眞弓經常耳聞「某獨居年長女性原本失聯的兒子回家了」

「女兒爲照顧失智症父母而辭職，但無法再度就業」之類的事。她原本估計繭居族約有二、三十人。不過，經過一年半的調查，這個高齡化的小鎮竟有一百一十三名繭居族（長期無業者）。

在調查的年齡範圍內，有八．七四％爲繭居族，其中男性約爲女性的兩倍，近半數爲四十歲以上。

內閣府公布四十～六十四歲的繭居族有六十一萬人，未滿四十歲的繭居族約有五十四萬人，兩者相加，全國繭居族超過一百萬人，這個數字引起社會震驚。但徹底逐戶全面調查藤里町，顯示事態其實更加嚴重。

日本十八歲以上、未滿五十五歲者共有五千七百零三萬人（二〇一七），**八．七四％即爲四百九十八萬人**。都市與地方的環境有所差異，藤里町的調查還包括精神病患。內閣府的調查是估計六十四歲以下「繭居狀態達六個月以上」的人數；藤里町調查的是未滿五十五歲者，仍非銀髮銀行（高齡者就業服務事業）的協助對象，而且是兩年以上沒有工作的町民。因此，藤里町的調查未必能完全套用於內閣府的調查，但這個數字仍極具衝擊性。

或許你會覺得「不可能有五百萬的繭居族」，但從藤里町調查結果的男女比例可知，男性的「繭居率」超過一〇％，女性則超過五％。若當地公立中學一班四十人（假設男女人數相同）中，有二名男生、一名女生在五十五歲前成爲繭居族，以這個例子比擬就能了解這個數字並非毫無根據。

藤里町的訪談調查中有這樣的案例：有人爲準備求職，想暫時回到老家，但這段期間超過五年（甚至十年）。其父母以爲「孩子在四處玩耍」，但他們「玩耍」的方式是一個人開著車，直到汽油耗盡爲止。

以訪談法調查家戶實況，而非問卷調查法來進行全國性的調查，也可能出現令人驚訝的數字。因此，我們必須先知道，現在社會變成了什麼樣子，而目前我們尚未掌握它的眞實面貌。

GDP成長率驟降

日本社會何以產生數量如此龐大（其中三分之二是男性）的繭居族，我們稍後再討論。現在先告訴大家另一個有關平成時代日本經濟的事實，這個事實一般大眾仍不甚了解。

如前文所述，平成時代成為「失落的三十年」，最主要的原因就是相較於歐美諸國，日本經濟生產力極端低落。

日本人均GDP年增率從一九七五～九〇年的三．九％，降至一九九〇～二〇〇〇年的〇．八％。之後，二〇〇〇～〇七年景氣相對上升，成長率稍稍恢復，年增率升為一．七％；但與一九九〇年以前比較，水準仍相當低。

一九七五～九〇年人均實質GDP的平均年增率為三．九％，一九九〇～二〇〇七年則為一．一％，降了二．八％。假如日本在一九九〇年後成長率仍與從前一樣，二〇〇六年的人均GDP將提高六一％。光是如此，日本的狀況就會大為不同。

圖表5 1990～2003年工廠停業状況

	總數	停業工廠	停業率
最低10%	42,475	31,017	73.02%
最低20%	42,448	28,177	66.38%
最低30%	42,459	26,360	62.08%
最低40%	42,450	25,063	59.04%
最低50%	42,448	23,834	56.15%
最高50%	42,460	22,757	53.60%
最高40%	42,454	21,735	51.20%
最高30%	42,457	20,678	48.70%
最高20%	42,448	19,854	46.77%
最高10%	42,436	20,007	47.15%
總計	**424,535**	**239,482**	**56.41%**

引自深尾京司《「失落的二十年」與日本經濟》

經濟學者深尾京司從此一問題意識出發，在《「失落的二十年」與日本經濟：結構性因素與重生原動力之探討》（「失われた20年」と日本経済 構造的原因と再生への原動力の解明）中，驗證爲何日本平成時代經濟無法成長。

由書中圖表簡化而成的圖表5，將一九九〇年日本國內的四十二萬四千五百三十五家工廠，以一〇%爲單位排序，再觀察這些工廠在二〇〇三年的状況。

高生產力的工廠也停業？

圖表5顯示，一九九〇年排序爲「生產力最低一〇%」的工廠有四萬二千四百七十五家；到了二〇〇三年，其中有三萬一千零一十七家停業，停業率爲七三・〇二%。生產力最低的一〇～二〇%這組有四萬二千四百四十八家，其中有二萬八千一百七十七家停業，停業率爲六六・三八%。

不景氣時，生產力低的工廠會縮編、停業；生產力高的工廠增加，整體經濟的生產力仍會持續提升。實際上，在美國、英國，這種「(工廠的）再分配效果」被視爲生產力上升的主要原因。

日本生產力低的工廠有六、七成停業；但不可思議的是，**生產力高的工廠也同時停業了**。

一九九〇年排序在「生產力最高一〇%」的工廠有四萬二千四百三十六家，到了二〇〇三年，有二萬零七家停業，停業率爲四七・一五%。生產力最高的一〇～二〇%這組有四萬二千四百四十八家，其中有一萬九千八百五十四家停業，停業率爲四六．七七%。

一九九〇～二〇〇三年這十三年間，生產力低的工廠有多家停業，是理所當然的事；但這段期間內，生產力高的工廠也有近半數關閉。生產力在前五〇%的工廠，無論哪一組，停業的數字幾乎無差異，令人驚訝不已。

當然，關閉舊工廠，再建生產力高的新工廠，補足舊的部分，整體的生產力仍會上升。

實際上，在一九九〇～二〇〇三年，日本國內新開了十萬一千一百五十二家工廠，但同期間也有二十三萬九千四百八十二家工廠停業，等於減少了十三萬八千三百三十家；亦即十三年來，日本的工廠只剩下三分之二。新建工廠的生產力或許很高，但畢竟數量少，對日本（的工廠）並未帶來「純進入效果」（生產力高的企業進入，以及生產力低的企業退出所產生的效果）。

前文討論的是工廠數量。不過，高生產力工廠的規模明顯大於低生產力的工廠，卻仍有近半數停業。以規模加權平均計算出的「（工廠）退出效果」，在這十三年間其實是負數。這個「奇怪的事實」，可以相當程度地解釋日本經濟成長率的低迷。

產業的酬勞逐漸降低

至此，大家應該都會有這樣的疑問：爲何不只生產力低的工廠，連生產力高的工廠也停業呢？

深尾京司認爲有下述理由：「生產力高的製造業因尋求市場或廉價的勞動力而外移」「在國內的大企業可能爲了削減成本，由子公司負責擴大生產，在企業內進行裁員」。

當泡沫破滅、日本經濟急速衰退，對日本企業而言，最沉重的負擔就是泡沫膨脹期大量雇用的員工。在日本，一經雇用爲正職員工，除非出了嚴重的大錯，否則不能解雇。因年功序列制與終身雇用制，公司不得不供養過多的職員。察覺到這個問題的經營者，應該都會對公司的滅亡有眞實的恐懼感吧！

因此，企業開始不顧一切削減人事費。

首先，對應屆畢業生進公司的條件多所限定。總之無論如何，要先阻止正職員工進入公司。

其次，將依年資加薪的曲線平均化。若照從前的方式依年資加薪，人事費的重擔終會拖跨公司。日本的雇用制度中，公司與正職員工是命運共同體，所以工會也只得同意「減薪」。

即便如此，因職位數量有限，仍會產生冗員。這些冗員便被轉調子公司，連同虧損的部門賣給外資；有些公司則將中高齡員工放逐至「無聊辦公室」（日本企業採用終身雇用制，無正當理由無法解雇員工，所以將某些員工放到「無聊辦公室」（追い出し部屋），讓他們每天做瑣事，感到無聊，質疑個人存在價值，最終希望員工能因羞愧和厭煩而主動離職）。媒體以「裁員」的角度，大幅報導這些狀況，但大家幾乎都忽略了在此狀況背後，有大量年輕人被勞動市場（正職工作）所排除。

儘管有以上措施，企業仍逐步縮減。許多企業（以製造業爲大宗）積極轉向人事費低廉的中國、東南亞發展，試圖提高利潤，因此產生了一種奇妙的現象：「提升日本大企業生產力的原因不是（日本國內的）生產擴大，反而是生產縮減。」

在平成「失落的二十年」中，增加雇用人力的大部分是服務業，減少雇用的大都是外移的製造業，或公共事業減少的建設業。

深尾京司估算，日本的勞動力一致從高薪的製造業轉至低薪的服務業，市場經濟的實質附加價值因此減少了六％。

投資不少ＩＴ，但未出現效果

許多學者指出日本製造業與服務業的生產力有相當差距，但勞工未必會從低生產力的產業轉至高生產力的產業，因為大型製造業已經不想在國內雇用那麼多勞工了。因為日本人事費用高，且一經雇用的員工就不能解雇。

此外，日本的特殊雇用制度也造成日本工會組織與歐美不同。歐美是產業工會，日本則是企業工會（企業工會會員主要限定為該企業的員工，且多以正職員工為主，當被解雇或離職，失去員工的身分後，通常也失去該工會會員的身分），「勞動方式」由經營者與工會「自主」決定。在這樣的結構下，並不會產生犧牲自己的既得利益、增加雇用人力的想法。

在日本，公司是「正職員工的命運共同體」，工會最主要的目的是維持公司與保障正職員工的既得利益（自己能平安任職到退休年齡，領取滿額的退休金），所以當市場規模逐漸縮小，工會就會這樣思索「若員工增加，自己應得的份額會減少」。平成時期製造業的特徵是積極向國外發展、非正職勞工比例的急遽增加，從日本的工會制度應可解釋此種情況。

許多學者指出，日本生產力低是因爲無法有效運用資訊與通信科技（Information and Communication Technology，ＩＣＴ）。美國在一九九〇年代因ＩＴ革命而加速生產力，但有人質疑，ＩＴ的效果於二〇〇〇年代中期發揮殆盡，是造成經濟「長期停滯」的主要原因。不過，「ＩＴ革命」所帶來的生產力原本就沒影響到日本經濟。

這是因爲日本對ＩＴ的投資太少嗎？事實上正好相反。已開發國家的統計資料顯示，「企業的技術知識庫增加兩倍，生產力即上升約八％」。日本的研發支出占ＧＤＰ的三．四二％（二〇一六年），在Ｇ７諸國中是最高的。

日本經濟的問題並非對ＩＴ的投資太少，而是投資未出現成果。深尾京司如下說明此一弔詭的情況。

美國在ＩＴ革命到來後，將原本在公司內進行的業務外包。這麼一來，一部分的生產活動能由國內外的服務供給者統括，這樣的做法較有效率，故使整體經濟的生產力上升。

但日本以雇用對策爲優先，無法減少員工工作，將業務外包。因此，大都是設立子公司或公司集團，再將公司內冗員轉至子公司或集團。這種方式雖能削減個別企業的勞動成本，但無益於整體經濟生產力的提升。

美國在導入軟體之際，引進便宜的套裝軟體，透過組織改組與員工訓練，讓公司結構適應軟體系統。相反地，日本因工會反對組織改組與員工訓練，爲了讓軟體適應公司，便導入高價的客製化軟體。

因此在日本，ＩＴ的導入並未提升組織的合理化與勞工技術；反而因導入成本的相對高價、導入不同軟體的企業之間資訊交換停滯，在兩者交互作用下，造成生產力不振。

經濟低迷的理由：日本市場缺乏魅力

深尾京司在《「失落的二十年」與日本經濟》中提到，「生產力差距的擴大並非出現於產業別（如製造業與服務業），而是在相同產業內」。神林龍的《正職的世界·非正職的世界》中也指出此一詭異的事實：「即使在同一產業、地區、企業規模的公司工作，就算是相同的性別、年齡、工作年數、學歷、職務種類，提供高薪與低薪的公司之間的薪資差距仍持續擴大。」

若徹底實行同工同酬的原則，同樣的產業、地區、企業規模及職務，薪資水準也應該相同。然而，日本的情況卻恰恰相反，不同公司間薪資有很大的差距。因爲日本的雇用制度使勞動市場流動性極低，員工無法轉職到相同行業內更有效率（薪水較高）的公司。

這樣的話，**大學畢業碰巧進的公司業績便左右了人生的「幸與不幸」**。這正是「日本人（上班族）的人生」。

以雇用的觀點回顧平成三十年，情況如下。

在美國，中小企業與企業年齡尚輕的新創公司創造出許多就業機會；但日本開業率極低，對就業機會並無貢獻。外資企業生產力雖高，但很少直接投資日本，因此也無法期待外資提供就業機會。此外，大規模的製造業關閉國內工廠，移至海外，就業情況更是雪上加霜。

綜上所述，日本經濟低迷的原因就是**「日本市場缺乏魅力」**。

日本經濟結構仍停留在前現代的思維，將公司視爲「正職員工的命運共同體」，只過度保護正職員工，勞動市場因此缺乏流動、公司封閉化，「一旦進來就出不去」。另一方面，**金融危機與東日本大地震等外部衝擊，使日本瞬間進入「就業冰河期」，年輕人被排除在就業市場之外**。

在這樣的社會，即使甘冒風險經商，也看不到成功的機會，所以開業率低，外資企業也沒有投資意願，生產力高的大企業則移至海外。

這就是日本平成三十年的經濟慘狀。

2 令和時期發生的事

圖表6 1970年日本的人口動態

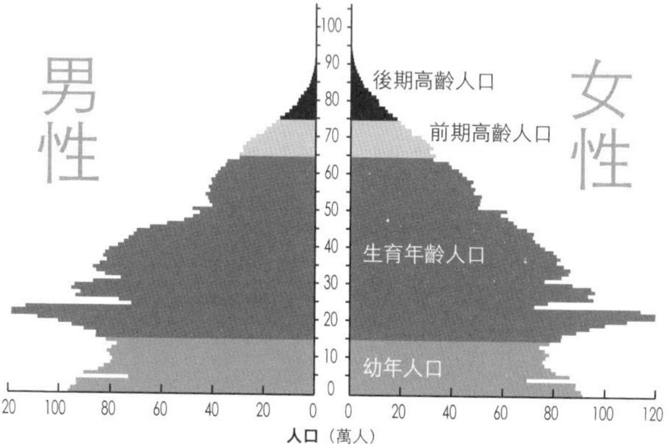

引自國立社會保障・人口問題研究所網頁

昭和時代可分爲戰前與戰後階段，多數人記憶中的高度經濟成長期是在昭和四十年代以降。圖表6是一九七〇（昭和四十五）年，亦即「戰後（後期）昭和」的人口金字塔。

第二次大戰結束後，所有國家開始爆發嬰兒潮，出生率大幅上揚。日本在一九四七～四九年三年間的總出生人口超過八百萬人，這一大批人被稱爲「團塊世代」。

團塊世代在一九六〇年代後半

進入青年期，他/她們最先接受民歌（如巴布·狄倫）、搖滾（如披頭四）等歐美音樂的洗禮，參加安保鬥爭等學生運動，七〇年代則以「企業戰士」（為了企業不辭辛勞地工作，一心為公的上班族）之姿，引領戰後的高度成長。

團塊世代與團塊二世

接著來看一九九五（平成七）年的人口金字塔（圖表7）。

團塊世代血氣方剛的年輕人在步入四十歲後半，成爲日本的社會

圖表7 1995年日本的人口動態

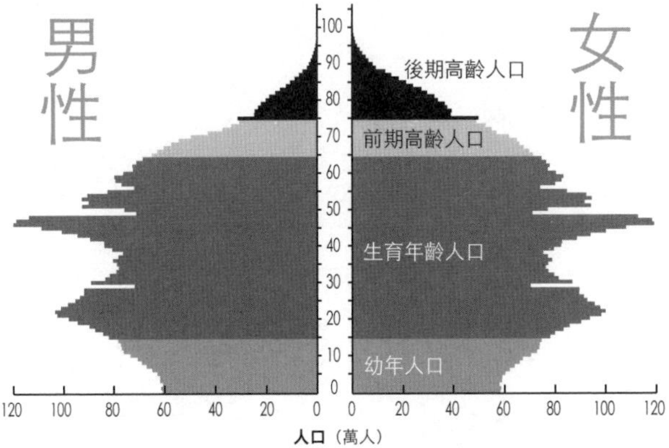

引自國立社會保障·人口問題研究所網頁

中堅。他們在二十歲前半產生的另一大批人口，亦即他們的子女，被稱爲「團塊二世」。

從阪神大地震與東京地鐵沙林毒氣事件對日本社會產生的巨大衝擊那一年開始，以泡沫破滅的廣泛影響爲首，都與九〇年代末著名金融機構接連破產的金融危機密切相關。

這段時期，戰後日本的社會基礎搖搖欲墜，大家賦予政府、行政機關的最大任務就是「保障團塊世代的生活」。這個階層的家庭經濟若出問題，社會將從基礎開始崩解，執政者對此應該也感到戒慎恐懼。

因此，政府投入鉅額的公共資金，不計一切防止景氣下跌。最具代表性的措施是，爲維持建設業的就業機會，在日本全國建設無數橋梁、道路、豪華官署、文化館等公共設施。

因此，即使發生前所未有、又名「第三次敗戰」（第一次敗戰指幕末，第二次敗戰指太平洋戰爭，第三次敗戰指失落的二十年之後發生的大震災）的「國難」，團塊世代的就業情況依然不墜；但諷刺的是，這反而妨礙了他們的子女——團塊二世的就業。

中高齡白領僅五萬人失業

前述事實並非最近才發生，勞動經濟學者玄田有史早在其二〇〇一年的著作《工作中隱隱的不安：年輕人不穩定的現狀》（仕事のなかの曖昧な不安 揺れる若年の現在）中便指出此狀況。這本書曾掀起討論的熱潮。

玄田有史在這本書開頭便問讀者：「四十五～五十四歲、擁有大學學歷的失業者人數是否多於橫濱國際綜合競技場所能容納的人數？」當時，九〇年代末金融危機的影響仍餘波蕩漾，媒體廣泛報導「中高齡裁員的腥風血雨」。熟悉這類報導的讀者，應該也覺得四十五～五十四歲大學學歷的失業者奇多無比。

不過玄田有史依據二〇〇〇年八月的「勞動力調查之特別調查」，指出中高齡白領完全失業者（指勞動人口中，滿足此三項條件者：沒有工作；若有工作，能馬上就任；在調查期間求職，或準備開始新事業〔包含等待過去求職的結果〕）爲五萬人，僅占同時期失業者（三百一十萬人）的一．六%。二〇〇二年世界盃足球賽決賽於橫濱國際綜合競技場（日產體育場）舉行，該場地最多可容納七萬二千三百七十人，處於「戰後最糟就業狀況」的四十五~五十四歲白領失業者，若全體集中於此，也不會滿座。

若是如此，這段期間爲失業所苦的到底是哪些人？從資料可知，失業者最多的年齡是二十五~三十四歲，共八十五萬人；其中國中、高中學歷者有五十四萬人，占三分之二。此外，未滿二十五歲，國中、高中學歷者有三十八萬人，人數遙遙領先於「中高齡白領」。這兩種失業者，任一種來到僅能容納七萬人的體育場，絕大多數會滿出來。

當然，四十五~五十四歲的失業者有五十萬人，絕對不是小數目。不過其中大學、研究所畢業者僅占一成，而國中、高中畢業者有四十三萬人，占八六%。

那麼，爲何沒有「年輕人失業率大幅上升」「中高齡失業者多爲低學歷」等

「正確」的報導呢？理由很明顯，因爲沒有人會對這種報導有興趣。

「發現」單身寄生族

單身寄生族指「畢業後仍與父母同住，基本的生活起居仍依賴父母的未婚者」。這個名稱是社會學家山田昌弘在其一九九九年的著作《單身寄生族的時代》（パラサイト・シングルの時代）中提出來的。起初，一般人認爲單身寄生族是「雖已進入社會，卻仍想利用父母來維持雍容、閒雅的生活」，也有人推崇這種新的生活方式，但這個群體很快便成了「活靶」。

單身寄生族沒有結婚、生子，因此，最典型的批評就是視他們爲晚婚化、少子化的罪魁禍首，還有「依賴父母，不想長大」「沒有身爲社會一分子的自覺，不想承擔責任」等。

對單身寄生族的另一個批評，就是他們之中有許多是飛特族，是一群「失業預備軍」。飛特族是指「非任何公司的正職員工，以兼職等方式自由工作，以求自我實現」的工作方式。飛特族在一九八〇年代的泡沫膨脹期嶄露鋒芒，但在九〇年代中期之後的「就業冰河期」，飛特族大半成了「當不成正職員工的不得已選擇」。

儘管如此，這段時期的應屆畢業年輕人在三年內離職的比例中：國中畢業有七成；高中畢業有五成；大學畢業有三成，形成相當嚴重的社會問題。日本勞動市場的流動性低、轉職困難，所以辭去正職的年輕人大都成了飛特族。這又導致「現在的年輕人沒耐性」「這樣會被世人所唾棄」的批評聲浪出現。

對此，玄田有史提出資料加以反駁：「大學畢業後即使能成為正職員工，畢業前一年的失業率愈高，快速離職的傾向愈強烈。」無論高中或大學學歷，剛畢業時如果錄用條件非常苛刻，這些畢業生只得勉強妥協，但實際上，所做的工作並不符合他們的期待——這才是「年輕人在三年內辭職」的理由。

「就業冰河期」的年輕人容易變成低薪的飛特族或非正職勞工，無法完全自食其力，所以雖然成年了，仍不得不與父母同住。於是，「單身寄生族」在一九九〇年代末被「發現」了。

打工頂多只能到三十歲前，若超過三十歲還是飛特族，就會招來周圍的異樣眼光，在職場也很難待下去。於是，這些人也漸漸不參加同學會或學生時代朋友的聚會。

單身寄生族中的飛特族很快就會失業，成為足不出戶的「繭居族」。**一九九〇年代中期開始，「飛特族→單身寄生族→繭居族」的現象，逐漸形成連鎖反應。**

狀況不佳都是年輕人的責任

玄田有史在《工作中隱隱的不安》文庫版的結語中明白指出：「這本書最重要的主張是，中高齡者在就業方面的既得利益奪走了年輕人的工作。」這項主張又發展成另一本著作，他與自由作家曲沼美惠合著的《尼特族：既非飛特族，也非失業者》（ニート フリーターでもなく失業者でもなく）在二〇〇四年也成爲暢銷作。

尼特族（NEET，Not in Employment, Education or Training的簡稱）一詞源於英國的勞動政策，指「不在學、不在職，也未參加職業訓練的年輕人」。玄田有史在書中提出警告：日本尼特族的數量也愈來愈多，但他的目的並不是要批評年輕人。不過，「尼特族」一詞不久後逐漸普及，又成了便於指責「不想工作（依賴父母）的年輕人」的用語。

針對「尼特族」，玄田有史強烈推薦的因應對策是引入國中生的職業體驗。兵庫縣自一九九七年神戶連續兒童殺傷事件（「酒鬼薔薇」事件）後，開始舉辦「體驗週」的活動，縣內所有國中二年級學生會有一週時間「脫離學校的日課表，到希望去的職場、同好團體、志工組織等，進行現場體驗」。富山縣也效法兵庫縣，從一九九九年起開辦「十四歲的挑戰」，讓所有國中二年級生進行五天的在地體驗。

儘管遭遇各種困難，但從學生的問卷調查可知，富山縣有九五％的參加者都回饋了「非常充實」與「大致充實」的好評；兵庫縣的參加者有九〇%以上表示「體驗到了在學校學不到的東西」，對體驗活動表示肯定。因此，玄田有史寫道：「政府雖有各式各樣的年輕人就業對策，但從未聽過參加者本人對成效有這麼高的評價。」

「體驗週」與「十四歲的挑戰」都是歐洲勞動政策的日本版。在歐洲，這類活動是爲了支援「社會的弱者」

年輕人轉進勞動市場，被認爲是理所當然該舉辦的活動。但在日本，引進這類活動的人卻遭受漫無邊際的指責與謾罵，如「引導日本走向極權主義」等。之所以會如此，玄田有史在《工作中隱隱的不安》中提出了解釋，摘錄一段詳細說明。

要改善勞動環境，進而提升生產力，必須斷絕中高齡者豐厚的既得利益，重新檢視中高齡者的勞動方式。尤其對工作意識降低、總是被就業市場排除的年輕人，更要確保他們的工作機會，這才是真正的社會正義。

這是非常正確的看法，但在二〇〇〇年代的日本，並沒有重新檢視勞動方式的跡象，緊握「豐厚既得利益」的中高齡者仍非常多；不用說，這些人就是「團塊世代」。

這些人很難接受「中高齡者奪去年輕人的就業機會」之說。於是，他們開始對大眾「宣傳」（或「洗腦」）：「煽動世代差距，想造成世代分裂，是全球主義者的陰謀」「當不成正職員工、火速辭職，全都是年輕人自己的責任」。諷刺的是，此時指責年輕人最方便的用詞，就是玄田有史（批判團塊世代者）引進日本的「尼特族」一詞。

對待正職與非正職員工無差別的國家

一九七〇年代，英國「從搖籃到墳墓」面面俱到的福利政策破產，標榜

「新自由主義」的柴契爾政府執政，大幅改變了就業政策：開始實施「積極的就業政策」，失業保險的領取條件轉趨嚴格；此外，提供求職服務，目的是讓年輕人加入勞動市場。

一九九七年保守黨下台，工黨奪得政權，布萊爾政府持續此方針，提出「新協定計畫」，目標是促進二十五萬年輕人就業。政府安排求職專家接觸每個「十八～二十四歲，領取失業保險六個月以上」的年輕人，當他們的「求職顧問」。

若在一定期間內找不到工作，政府會提供以下選擇：① 接受十二個月全日制的教育訓練；② 在接受政府補助的雇主手下工作；③ 到志願組織工作；④ 從事政府的環境保護活動。如果不接受所有的選項，到了一定期間，將會停止發放失業補助。布萊爾政府雖被視為「自由派」，但比起「真正保守」的日本安倍政府，英國失業保險的給付標準反而嚴格許多。

此外，英國在二〇〇一年開辦銜接服務處（Connexions Service），服務對象是所有十三～十九歲的年輕人。有調查指出這個年齡層尼特族的比例高達一成，這個數字相當讓人衝擊。因此，英國政府開始支援「從學校踏進職場」的輔導。

銜接服務處是在中央組織與四十七個地區設立的機構，安排了專業領域的個人顧問，以因應年輕人面對的課題。此機構設立三年後，年輕人的尼特族比例就下降了三％。

在已開發國家中，英國的青年就業政策成果頗受好評，不過，荷蘭更加成績斐然。荷蘭為克服八〇年代的荷蘭病（Hollandse ziekte，因北海油田開採石油、天然氣所帶來的收入，導致國民依賴社會福利生活），大刀闊斧實行「新自由主義改革」。二〇〇四年，該國部分工時的勞工比例為三五％，遠遠超過OECD的平均數（一五．二），但並未形成嚴重的社會問題。因為該國在一九九六年立法，部分工時勞工與全職勞工待遇均等，「兼職」除了工作時間比較短之外，與「全職」並無二致。

該國更進一步在二〇〇〇年實施《工作時間調整法》，員工如果要求調整工作時間，雇主原則上必須接受。依據此法，勞工能依照其生活方式，自主決定工作時間，從事育兒、照護父母親，或接受社會教育等。

這種「平等」「自由」的就業制度，維持了荷蘭的低失業率與良好的經濟成果，但日本的大眾媒體大都未加介紹。這是因爲日本社會的主流派是「正職勞工」，媒體記者大概多半也是正職。若進行像荷蘭那種「勞動方式改革」，正職與非正職的「身分」差距就消失了，等於全面否定了正職人員的既得利益。

法國進一步提高世界最高的基本工資

而歐洲其他青年失業率高的國家出了什麼問題呢？

許多經濟學者指出，法國的問題在於與經濟實力相比，基本工資顯得過高。在二〇一七年世界實質基本時薪排名中，法國以一一・二美元名列第一，高於英國的八・四美元，也超越了長期在歐元區一枝獨秀的德國（一〇・三美元）。日本則是七．四美元。

對企業而言，這等同於法律規定「必須用高薪雇用缺乏經驗的年輕人」。當然，對經營者來說，相同的薪資，與其雇用必須從零開始教育的外行人，不如雇用有經驗的中高齡者。

在日本，也有人主張「為解決貧窮問題，應大幅提高基本工資」。提高基本工資是否會減少雇用，一直是經濟學家持續爭論的議題；但提高基本工資，對年輕人就業會產生負面效果這一點，經濟學家倒有相當的共識。

儘管如此，法國年輕人卻莫名地堅決反對調降基本工資，政府也束手無策。這導致政府企圖以公共事業創造就業機會卻一直無法實行，與競爭對手德國的「經濟差距」也愈來愈大。

為促進經濟成長，法國總統馬克宏企圖積極改革、放鬆管制，但卻引發了全國性的「黃背心運動」。最後，政府撤回了「二〇二二年前裁減十二萬名公務員」的承諾；實施中等收入者所得稅減免，金額約五十億歐元；並不得不承諾提高基本工資。

一般認爲，美國左派眾議員歐加修－寇蒂茲（Alexandria Ocasio-Cortez）對下屆民主黨總統候選人選舉極具影響力。她有移民背景，年僅三十歲，在年輕人間支持度極高，但她主張基本工資應提高爲十五美元。在日本，許多年輕人投入社會運動，要求最低時薪提高爲一五〇〇日圓。

從法國的例子可知，這種「對年輕人有利」的政策如果眞的實現，應該會使目前領取最低工資的中高齡者收入增加，而缺乏學、經歷的年輕人可能會陷入嚴重的困境。

「南」「北」分裂的義大利

義大利與法國一樣有年輕人高失業率的問題。該國主要問題在於「南」「北」（以羅馬爲分界）的經濟差距。

按理說，南部經濟水準較低，薪資應該也較低，北部經濟水準較高，薪資應該也較高；南部勞工爲尋求高薪的工作，會向北部遷移；製造業等爲降低人事成本，會積極往南部投資、設廠。

不過在義大利，薪資由勞資雙方共同決定，全國一體適用，市場原則在其中不起作用。幸運找到工作的南部勞工即使北遷，薪水也不會比較高，所以傾向待在原地；北部的公司如果南遷，人事費用也不會降低，所以也無理由南遷。因此，南部的失業率急速攀升。

無法改變全國一體適用的薪資制度，是因爲義大利原本就是如吹玻璃製品般的「人造國家」（Artificial State），由不同歷史、文化的地區集合而成。據說米蘭等「北部人」不把拿坡里、西西里島等南部地方視爲同一國。因此，不同地區若採用不同的薪資政策，脆弱的國家不久就會土崩瓦解。

此外，義大利跟日本一樣，解雇員工極爲困難。正職職位被稱爲「要塞」，因爲「很難進去，進去後也不易失守」。

因此，南北的失業率也產生極大的差距。我只找到一九九六年的舊資料，其中顯示北部的失業率是六・六%，南部是二一・七%，南部失業率高達北部的三倍多。所以，義大利南部的年輕人，除了在犯罪組織工作外，沒有其他謀生之道。生活靠家族紐帶與地下經濟維持，猶如新興國家的狀況。

近幾年，民粹主義席捲義大利，主張北部獨立的極右派（右翼民粹主義）「北方聯盟」，與南部的極左派（左翼民粹主義）勢力「五星運動黨」組成聯合政府，這是非常離奇的事。不合理的「岩盤規制」（因既得利益團體的強烈反彈而難以放寬或撤銷管制，尤其在就業、農業、醫療方面的管制）與勞動市場的僵固性，都與此奇怪現象的形成有關。

「大叔」的既得利益受到保障

前述是經濟學家白川一郎在《日本的尼特族，世界的飛特族》（日本のニート・世界のフリーター）中所介紹的例子；但在歐洲其他國家也有各式各樣的類似情況，在青年失業對策上也各有難處。

儘管如此，歐洲各國都爲減少青年失業而煞費苦心。白川一郎認爲，與歐洲相較，日本的特殊之處在於二〇〇〇年代後，青年失業雖成爲社會問題，卻被認定爲是年輕人自己「沒有工作意願」，政府對制定因應政策也不積極。

雖然前文我已提過多次，但還是要強調：日本的雇用本質是「多重歧視」。因爲日本僞裝成已開發國家的面貌，但社會上仍存在身分制度。在日本，「身分」的痕跡隨處可見。

在荷蘭，「全職」與「兼職」的勞工除了工作時數不同，其他方面完全平等。而在日本，「正職」與「非正職」則是身分的差異；「淪爲非正職」「升爲正職」之類的說法非常普遍。正職勞工的收入、職員住宅或家屬補助等公司福利、就業保證等，都是非正職勞工遠遠不及的。日本非正職勞工的惡劣勞動條件，絕不可能出現在已開發國家。

首相安倍晉三在二〇一八年的施政方針演說中，宣布「實現同工同酬，讓非正職一詞在日本消失殆盡」，並立即著手進行「勞動方式的改革」。法院也陸續出現劃時代判決，判非正職的原告勝訴。

「同樣的工作，無論身分、性別或種族差異，支付的薪資相同」是自由社會的大前提；但目前爲止，自稱「自由主義」的日本工會仍堅決反對同工同酬，主張「日本有適合日本人的勞動模式，與國外無關」「相同**價值**的勞動，才支付相同薪資」。此說法乍看之下，會讓人誤以爲是網右（網路右翼，指在網路上發表右翼言論者，簡稱「網右」）所發表的排外主義言論。在這種奇怪的邏輯中，認爲「正職勞工與非正職勞工雖做同樣的工作，但勞動的『價值』不同，待遇當然也有差異」。

簡而言之，他們認爲**正職勞工與非正職勞工的「身分」不同，作爲人類的「價值」大概也不一樣吧！**不過，自由主義的知識分子不但未批判這種荒誕的邏輯，還跟保守派一搭一唱「守護日本的雇用制度」，容許歧視非正職勞工身分。

視「人權」與「平等」爲金科玉律的工會，理應致力消除總公司與分公司的「身分差距」；反對對非正職勞工的「身分歧視」；也絕不會同意「國外當地雇用」與「總公司雇用」的日本人之間存在「國籍歧視」（日本人在國外就業有兩種雇用方式。一種是外派人員，基本上由總公司雇用，派至國外據點赴任；另一種是日本人在國外當地參加就職活動、面試，由當地法人直接雇用。雖同為日籍，但待遇有差別）。

不過，因爲上述全是日本企業視爲理所當然的作爲，其中一定牽涉工會的行動，那麼他們所謂的「人權」與「平等」到底是什麼呢？

在日本，無論媒體、企業、政府機關、工會等，支配者皆有幾項特徵：「日本人、男性、中高齡、著名大學畢業、正職勞工」。這群「大叔」是日本社會的正規分子，爲保障「大叔」的生活（以公司爲正職員工的命運共同體），「外國人、女性、年輕人、非大學畢業、非正職」等弱勢團體（下級國民）的權利就不被當一回事。

大約二〇〇三年，在拙作《撿黃金羽毛，變成有錢人》（お金持ちになれる黄金の羽根の拾い方）出版之後不久，我曾和某經濟報刊記者交談過。該記者打算以「過度保護中高齡者就業是否導致青年失業」爲主題，撰寫大型專刊。

不過，連載第一次刊登後，報社接到無數的抗議電話。打電話的人大都是五十五歲左右的團塊世代，是該報的主要消費者。經營幹部有所忌憚，便停止「勞動方式改革」的企畫。觸犯中高齡者的既得利益似乎成了該報社的禁忌。

更有意思的是，最近我才跟某負責男性週刊的記者談及此事。他當時覺得很有趣，但過了幾天，他告訴我，關於那件事的評論也不能刊登了，理由似乎是「不想刺激最後留下的少數讀者」。

最近的暢銷書多爲《樹木希林一切隨心》之類的書，目標讀者爲七十～八十歲世代。現在還在看文字書的只剩這個世代了。因此，無論報紙或出版業，對印刷媒體而言，批判團塊世代成爲最大禁忌。

我想，這段小插曲能讓你明白日本社會爲何變成這樣。

「改革勞動方式」的理由

保障團塊世代就業的平成時期已結束，而令和將呈現何種面貌呢？

圖表8是令和二年（二〇二〇）的人口金字塔。東京奧運後，團塊世代將步入後期高齡（七十五歲以上），完全退出勞動市場。

抱持「自由主義」的舊民主黨政府於二〇一三年修正《勞動契約法》，增加「禁止不合理的工作條件」條文，但正職與非正職間的巨大落差與雇用時的身分歧視惡習，大都無法著手改革。相對地，「眞正保守」的安倍政府提出「讓婦女發光發熱的社會」「改革勞動方式」等自由主義經濟政策，一步步「破壞」了日本的雇用方式。

「民主黨最大的支持團體是日本工會總聯合會，不可能爲了改革而取消正職勞工的既得利益」「因高齡化、少子化，目前勞動力空前不足，無論是『保守』或『自由主義』的政府，都得讓女性、高齡者加入勞動市場。若還不夠，就必須由外國人補足勞動力」。以上的說明雖然是事實，但觀察人口金字塔，可以顯示更單純的理由。

二〇一七年九月，東京地方法院做出劃時代的判決，讓人看到日本勞動方

圖表8 2020年日本的人口動態

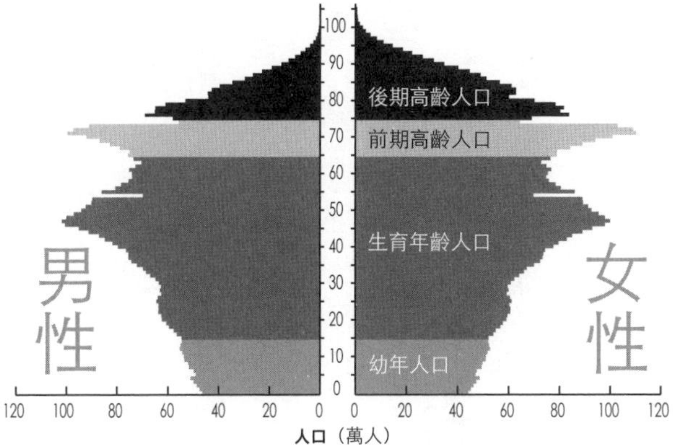

引自國立社會保障・人口問題研究所網頁

式大幅改革的可能性。日本郵便公司三名負責投遞的契約員工，與正職員工做相同的工作，但津貼與休假都比較少。法院判決公司違法，應給予這三名契約員工未付津貼等約一千五百萬日圓的損害賠償，其中的九十二萬日圓是「不合理差別待遇」之賠償。

之後，法院接二連三做出同樣的判決。日本郵政集團工會於二〇一八年四月，爲改善非正職員工的待遇，設立了新年與年終津貼，平均一天四千日圓，並廢止約五千名正職員工的住宅津貼。爲了非正職員工而取消正職員工的既得利益，是從前完全無法想像的事。

二〇一八年九月，日本經濟團體聯合會會長中西宏明表示，將廢止「就職活動規則」（為避免學生疏於課業，該規則規定企業徵才的宣傳活動三月才能開始，面試六月才能開始），大學相關人士皆驚訝不已。二〇一九年四月，經濟同友會下屆代表幹事櫻田謙悟明確指出「最好廢除統一集體雇用應屆畢業生的制度」。五月，豐田汽車社長豐田章男在日本汽車工業會的記者會上表示「遵守終身雇用制愈來愈困難」。經營方的代表人物否定日本式的雇用制度的基礎，也是從前無法想像的事。

以上這些事的發生並非偶然，這幾年已發生多次。**團塊世代退休後，「勞動方式的改革」才可能開始**。

從一九七〇年代起，有半世紀的時間，團塊世代都是日本社會的核心。任何政黨掌權，都不可能妨礙他們的利益。由世界等級的標準來看，日本極其落伍的前現代雇用制度，在擺脫團塊世代的束縛後，總算有了重新檢視的機會。

令和最初二十年將發生的事

二〇一九年六月發生了一件奇怪的事。金融廳的「高齡社會之資產形成與管理」報告書在網路上引來網友的撻伐，最後金融廳撤回了這份報告。輿論反對的原因是，這份報告提到「高齡夫妻退休後若還有三十年餘生，除了年金外，還需要約二千萬日圓」。

不過，我看了從金融廳首頁下載的報告，便可知光提那句話，根本是斷章取義。報告中指出，「高齡者家庭」的每月平均收入是二十一萬日圓，支出是二十六萬日圓，每個月有五萬日圓的「赤字」。另一方面，六十五歲夫婦所組成的家庭，平均金融資產爲二千二百五十二萬日圓，可撥用部分資金以補不足。

對於這樣的現狀，報告書提出極爲誠懇的建議：「如果希望自己家庭的平均收支與工作世代相同，最好創造二千萬日圓的資產。」我實在看不出這個建議有什麼問題。

報告書遭抗議，大概是因爲大眾認爲其中所提的「平均」太高。「自有房產」「每月年金領取金額二十萬日圓」「金融資產超過二千萬日圓」的高齡者家庭，大約只有三成。被視爲「平均以下」的高齡者看到這麼高的標準而感到不安，帶給選舉在即的執政黨巨大衝擊。

根據二〇一八年金融報導中央委員會的家計調查，六十歲世代回答「未持有金融資產」者占二二％，七十歲世代則占二八・六％。七十歲以上人口共有二千五百萬人，等於有七百萬人沒有積蓄。另一方面，家戶的金融資產持有金額在二千萬日圓以上者，六十歲世代占二八・二％，七十歲世代占二七・九％。由此可知，高齡者家庭中，有三成幾乎未持有金融資產；另有三成擁有高額金融資產，形成兩極化的情況。

隨著高齡化的趨勢，依賴社會安全制度生活的國民比例也愈來愈高。這些人若沒有年金就無法生存，現在最大的政治禁忌就是侵犯他們的年金領取權。

因此，我們可以想像，現在開始的令和時期會是什麼樣的面貌。

如果平成時期是「保障團塊世代就業」（正職勞工的既得利益）的三十年，令和時期前半就只能是「保障團塊世代年金」的二十年。

檢討來時路，日本在平成時代既然放棄了「改革勞動方式」，就應致力於「改革社會安全制度」。如果日本社會的核心——團塊世代仍是四十歲世代，他們應極有可能接受以「減輕工作世代負擔」爲名的社會安全效率化改革方案。不過，因爲已錯過千載難逢的機會，日本已經沒有選擇的餘地了。

每一．五名工作人口就必須負擔一名高齡者

二〇四〇年，團塊世代將步入九十歲，團塊二世將成爲前期高齡者，日本的高齡化比例將高達三五%。簡單算來，每一．五名工作人口就必須負擔一名高齡者（圖表9）。

這是日本高齡化的最高峰。根據內閣府、財務省及厚生勞動省製作的「社會安全制度的未來預測」（二〇一八），現在四十兆日圓的醫療給付，到了二〇

四〇年將變成七十兆日圓，是現在的一．八倍。十兆日圓的照護給付，到了二〇四〇年將變成二十五兆日圓，是現在的二．五倍。年金給付將從五十七兆日圓增為七十三兆日圓。如果每項預測都符合，總共將成為一百六十八兆日圓的天文數字。

河田雅司的暢銷書《未來年表：人口減少的衝擊，高齡化的寧靜危機》也以團塊世代的動向為主軸，預測日本的將來。

二〇二六年，五名高齡者中會有一名是失智症患者，人數將高達七百三十萬人，遠超過機構的收容能力。二〇三〇年因團塊世代的高齡化，連東京郊外也將成為空無一人的鬼城。二〇三三年空屋將達二千一百六十七萬戶，三戶中僅一戶有人居住。二〇四〇年全國自治體近半數將面臨「消失」的危機。到時，日本社會會變成什麼樣子呢？

雖然「未來難以預料」，但若發生下述情況會是唯一的例外。因為這是人口動態，除非有大規模移民或戰爭，已開發國家的死亡率、出生率皆相當穩定；

圖表9 2040年日本的人口動態

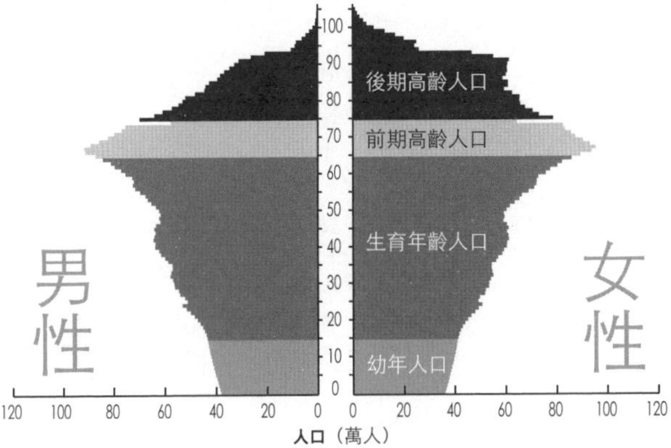

引自國立社會保障・人口問題研究所網頁

因此不只十年、二十年後，甚至連半世紀後的動向都能相當程度地預測。

當然，現在發生的種種問題，在一九七〇年代便能預知。政府每逢選舉就大開支票，改革卻拖拖拉拉、因循苟且。但事到如今，說這些也無濟於事。因爲不管話說得再漂亮，任何人都會追逐眼前的利益，他人（尚未出生的未來世代）的不幸永遠沒有自己的幸福重要。

這是「人類的本性」，所以我也不想說「只有日本人愚不可及」。因爲我們終究是愚蠢的生物，相信直覺甚於理性。

未來一定會發生的狀況

前面所提的狀況就像「一加一等於二」那麼簡單，認真的政治家與優秀的官僚，當然應該知道令和將成爲何種樣貌。既然如此，他們對這個國家有什麼打算呢？

前些日子，我有機會跟一位政府經濟機關的年輕官員交談，碰巧談到這個話題。我問他：「勞動方式的改革終於開始了，社會安全制度的改革會如何發展？」他愣了一下，才說：「沒有人對改革有興趣喔！」

我一時無法理解他的意思，直到看了二〇二〇年的人口金字塔（圖表8），才明白他想表達什麼。

對政治人物而言，團塊世代是最大的票倉。攸關他們生死存亡的問題逐漸從「公司」（日本的雇用制度）變成「年金」。因此，勞動方式的改革雖有進展，但年金與醫療、照護保險等「社會安全制度的改革」益發困難。

從飽受批評的金融廳報告書即可得知，秉持理想主義的官員提出任何的「改革案」，政治人物都會束之高閣，因爲會掀起選民的不安。考慮到自己的前途與家人的生活，不可能有人違反常理，去做明知會失敗的事。想來，年輕官員所說的確實有理。

那該怎麼做呢？那位年輕官員表示「只好不斷頭痛醫頭，腳痛醫腳」。若年金破產，就提高保險費；醫療、照護保險負擔增加，就減少給付。若仍無法解決問題，就稍微提高消費稅率。這樣撐過二十年，二〇四〇年之後，高齡人口比例將慢慢降低；既然如此，何需特意去玩「改革」這種危險的遊戲？這就是「日本政府的邏輯」。

聽了他的說明，感覺猶如太平洋戰爭時的瓜達康納爾島戰役（二戰太平洋戰場的關鍵戰役。這場歷時半年的消耗戰，美日雙方均損耗了大量的戰艦、飛機，日軍死亡人數多美軍一倍，迫使日本最終選擇撤軍。這場戰役讓日本從戰略優勢走向劣勢，盟軍則從被動防禦，轉為主動反攻的態勢），官員似乎在思考「國家百年大計」，那麼無論國民吃再多苦頭，甚至要打二十年左右的持久戰，或許都不算什麼。

如果要忍受這場持久戰，「下級國民」將生活在更貧窮的社會。持久戰若失敗，日本多數人將成爲難民，國家也會面臨破產。我們身處的令和時期日本，可能就是這個樣子吧！

PART 2

「受歡迎者」與「不受歡迎者」的分裂

3 日本的下層階級

日本有社會階層與社會流動全國調查（Social Stratification and Social Mobility，SSM）與階層與社會意識全國調查（Stratification and Social Psychology，SSP）兩種大規模的社會調查，主要研究者是社會學家，最近的一次調查是在二〇一五年。SSM是以家訪的方式，詢問受訪者的工作、經濟狀態、資產、親子關係等資訊。SSP則是以電腦輔助面訪（CAPI）的方式，使用平板電腦蒐集有關社會態度（意見、價值觀）、社會活動參與頻率等資料。

二〇一五年SSP研究的代表者、社會學家吉川徹表示，SSM的目的是了解現代社會體系的「硬體」，SSP的目的則是了解「現代日本人『社會意識』」之真實面貌。

吉川徹在《日本的分裂：社會拋棄了沒有大學學歷的年輕人》（日本の分断

切り離される非大卒若者（レッグス）たち）中，用SSP的調查結果比較現代日本人的「正面情緒」。結果非常有趣，以下將詳細介紹。

現代日本社會的八種群體

正面情緒由以下四個指標構成：

階級認同：是否認爲自己屬於「上層階級」？

生活滿意度：對整體生活是否滿意？

幸福感：現在的幸福程度爲何？

主觀的自由：是否認爲「生活方式主要由自己的想法自由決定」？

「幸福感」的項目還包括其他指標，不過討論「正面情緒」時，主要是指「幸福程度」。

認爲自己屬於「上層階級」「能自由決定人生」、對整體生活滿意、現在自己很幸福，就是「正面情緒強度高」的人。相反地，覺得自己屬於「下層階級」「無法自由決定人生」、對生活多所不滿、現在的自己很不幸，就是「正面情緒強度低」的人。

爲了解日本社會的情況，吉川徹把現代日本人依男女、年齡及學歷分爲八類。壯年層是指四十與五十歲世代（二〇一五），約三千三百零五萬人（在昭和時代長大）；青年層則是指二十與三十歲世代，約二千七百二十萬人（在平成時代長大）。學歷不是指「念過什麼學校」，而是分爲「大學畢業」與「非大學畢業」（高中畢業、高中輟學等）兩種。

圖表10是將這八個群體「正面情緒」的原始資料轉換成平均數爲五十，標準差爲十的新資料，依高低順序排列。我們把得分理解爲測驗的標準分數（Standard Score，以受試者分數高或低於平均數幾個標準差來表示他在團體中的相對地位）即可。

上流／下流之區別在於「學歷差距」

此處先了解調查結果的整體趨勢，整理爲三點說明：

①大學畢業者的正面情緒強度高於非大學畢業者（無例外）

②若其他因素相同，女性的正面情緒強度高於男性（壯年大學畢業男性例外）

③若其他因素相同，青年層的正面情緒強度高於壯年層（青年大學畢業男性例外）

灰色範圍表示例外的部分，但「大學畢業者的正面情緒強度高於非大學畢業者」的趨勢顯而易見，所以吉川徹才會說「現代日本社會因學歷而分裂」：

圖表10 現代日本人的正面情緒

順位	性別	年齡	學歷	得分
1	女性	青年	大學畢	**52.07**
2	男性	壯年	大學畢	**51.81**
3	女性	壯年	大學畢	**51.72**
4	男性	青年	大學畢	**50.75**
5	女性	青年	非大學畢	**49.58**
6	男性	青年	非大學畢	**48.81**
7	女性	壯年	非大學畢	**48.69**
8	男性	壯年	非大學畢	**47.94**

引自吉川徹《日本的分裂》

現在日本陸續暴露出年輕窮忙族、正職與非正職的差距、教育差距、勝利組／失敗組、上流／下流、兒童貧窮、結不了婚的年輕人、溫和混混（攻擊性降低的不良少年、小混混）、蝸居家鄉的年輕人、地方自治體消失等階級差距現象，其真正的關鍵在於「是否擁有大學學歷」。

有段時期，媒體大肆報導東大畢業的飛特族與碩博士學歷的網咖難民。因為報紙、雜誌讀者多數擁有大學學歷，其子女讀大學的可能性也很高，所以很關心「學歷雖高但人生失敗」的話題。

「學店」指無論入學考試分數如何，只要付學費，任何人都可以念的大學，媒體也以有趣、獵奇的角度做了相關報導。另一方面，媒體揶揄高中畢業或輟學者是「低學歷」，也被認為是「歧視」，有時引發激烈反彈。

因為現代日本社會分裂為「大學畢／非大學畢」，才會產生這樣的差別。只要有大學畢業的頭銜，即使念的是「學店」，也算「上層階級」。這固然是笑話一樁，但屬於「下層階級」的高中畢業或輟學者，其經濟的困窘與生活的艱難，可一點都不能當成笑話。

這裡使用了社會學術語「上層階級」與「下層階級」，在歐美是相當普遍的用語。不過，吉川徹創了一個新名詞「LEGS」（Ligtly Educated Guys），意指「輕學歷的男性」（吉川徹認為，大學以下學歷應由「低學歷」改稱「輕學歷」。輕學歷有兩種意義，一是學費負擔較輕；其二是日本高中畢業生所受教育年數為十二年，與OECD水準相同，絕對不「低」。而大學則應由「高學歷」改稱「重學歷」）。

「下流社會」是二〇〇〇年代的流行語，人們使用這個詞時，是認爲「任何人都可能淪落到下流社會（無論學歷爲何）」，但這並不符合事實。因爲**在現代日本社會，身居「下流」者多半是高中畢業或輟學的「輕學歷」者。**

青年大學畢業男性的幸福程度低

在性別、學歷相同的情況下，說「年輕人的正面情緒強度高於壯年人」，任何人應該都能理解。比起人生情況大致底定的前輩，年輕人仍對未來抱持希望，當然有較高的幸福感。

而在年齡、學歷相同的情況下，說「女性的正面情緒強度高於男性」，或許有些人會覺得怪怪的。衡量男女社會地位差距的性別落差指數（Gender Gap Index，GGI），日本位居世界第一一〇名，算是吊車尾。日本無論在家庭或職場，性別角色分工的觀念皆深入各領域，被評為「男性優勢社會」。

這種情況下，女性若仍感到人生幸福，保守派或許會洋洋得意，認為「男尊女卑的傳統使日本女性幸福」。不過，沒有證據可以證明保守派的主張，因為性別平等程度遠高於日本的北歐國家也有同樣的結果。「女性的幸福程度高於男性」是全世界共通的現象，無關歷史、文化。

若是如此，有必要說明一下「例外」。調查中有兩項例外，其一是大學畢業的壯年男性排名第二，大學畢業的壯年女性排名第三，照理說應該要反過來。

更引人注目的是，青年大學畢業男性（第四名）的正面情緒強度相當低。

按理說，他們應該僅次於青年大學畢業女性（第一名），排在第二名才對。

我們尚未從社會調查中掌握青年大學畢業男性正面情緒強度低的理由，但吉川徹提到，這群人約半數未婚，子女數爲〇．八四人，與其他群體相比是最少的。被歸類爲「青年層」的群體中，有六成超過三十歲。

日本的社會核心是壯年大學畢業男性

接下來，我們來看各群體的詳細狀況。

圖表11與12是吉川徹依據SSP二〇一五年調查所製作而成，將正面情緒的四個指標轉換成平均數爲五十，標準差爲十的數值。四項指標所構成的四邊形面積愈大，正面情緒強度愈高；面積愈小，正面情緒強度愈低。

圖表11顯示，正面情緒強度最高的「青年大學畢業女性」（第一名），所有項目皆超過平均值（五十），尤其生活滿意度與幸福感特別高。相對地，「壯年大學畢業女性」（第三名）的上層階級意識雖高，但其他三項的數值都只落在平

圖表11 大學畢業群體的正面情緒

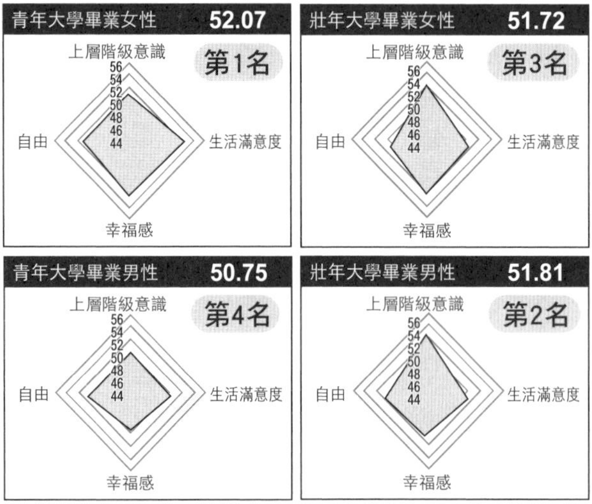

引自吉川徹《日本的分裂》

均值附近。

這裡必須注意到一點：正面情緒的變化未必能以年齡解釋。亦即，調查結果未必能導出「大學畢業女性的主觀自由、生活滿意度及幸福感隨年齡增加而降低」的因果關係。因爲平成出生的人（青年層）與昭和出生的人（壯年層），或許原本對各個項目的感覺就不一樣。要了解這個問題，必須長期觀察相同時期出生的群體，進行世代分析（Cohort Analysis）。

青年大學畢業男性（第四名）與同年齡層的大學畢業女性（第一名）相比，主觀的自由與上層階級意識無太大差異，但生活滿意度與幸福感卻相當低，故落後第一名甚多。

壯年大學畢業男性（第二名）因上層階級意識極高而提升排名，而主觀的自由、生活滿意度及幸福感與青年大學畢業男性幾乎無差異。如前述，日本社會核心群體的屬性包括「日本人、男性、中高齡、大學畢業、正職勞工」。壯年大學畢業男性正符合這些屬性，上層階級意識高也是理所當然。

「幾乎全無正面情緒」的群體

接著來看非大學畢業（高中畢業或輟學）的群體（圖表12）。

輕學歷者中，青年非大學畢業女性（第五名）的正面情緒強度最高，這是因為生活滿意度與幸福感超過平均，補足主觀自由與上層階級意識的極低分。

壯年非大學畢業女性（第七名）的生活滿意度與幸福感皆在平均以下，四

圖表12 非大學畢業群體的正面情緒

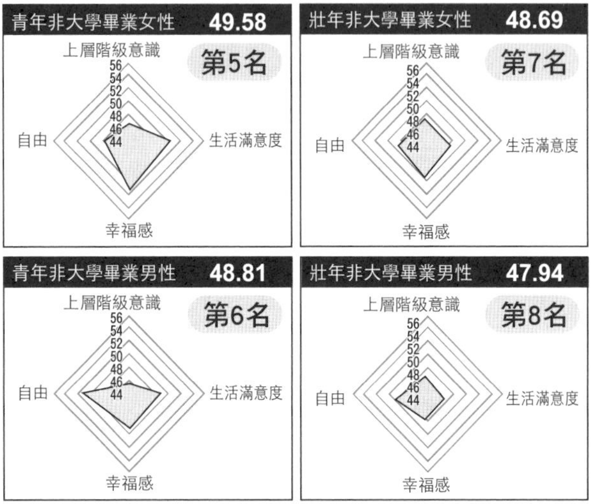

引自吉川徹《日本的分裂》

邊形面積相當小。

青年非大學畢業男性（第六名）的特徵之一是主觀自由高，但上層階級意識極低，生活滿意度與幸福感也在平均以下，遠低於同年齡層的非大學畢業女性。

更具衝擊性的是，**壯年非大學畢業男性（第八名）的主觀自由遠遠落後青年層，幾乎到了「全無正面情緒」的地步**。

社會學家橋本健二在《新下層階級的出現》（アンダークラス 新たな下層階級の出現）中，

依據二〇一五年的SSM資料與二〇一六年的首都圈調查資料，描述「五十九歲以下男性下層階級」的樣貌。

他們學歷在高中以下者超過七成，未婚率六六．四％，明顯高於其他群體，四十歲以下者推測多半將「終身未婚」。個人年收入相當低，僅二千零一十三萬日圓，家戶收入也只有三百八十四萬日圓。貧窮率為二八．六％，完全沒有存款、股票的家戶比例高達四二．五％。

對工作內容滿意者占一八．四％，對工作收入滿意者只有五．九％，對生活滿意的比例也只有一三．八％。認為自己在日本社會位居底層（有「下流階層」意識）的比例有五五％，超過半數。總而言之，「無論在實際狀態或意識上，都可說是日本男性的最下層」。

現代日本社會「上級／下級」的二分，因大規模社會調查而明朗化。

大阪飛特族調查

在二〇〇〇年代初，大眾指責飛特族、尼特族「好逸惡勞」「缺乏自覺」時，一群以關西社會學家爲主的研究者便著手大阪飛特族的調查，以了解他們的實際狀況。調查由部落解放同盟的人權研究所主導，調查結果集結成《被排除的年輕人：飛特族與不平等的再生產》（排除される若者たち フリーターと不平等の再生産）一書。受訪的年輕飛特族多出身於受歧視的部落（古時賤民階級的居住地，現仍為受歧視的地區），不過也有受訪者是大阪府立高校介紹的學生與畢業生，該校是所謂的「進路多樣校」（畢業後有些學生升學、有些學生就業的高中），「學生畢業後不只升學，相對較多就職或無業者」。

在二〇〇三年春至初夏，他們訪談了各二十名十五～二十四歲的年輕男女。最高學歷（包含在學中）爲國中畢業者七名；高中輟學者五名（其中一名爲夜校生）；夜校及通信制高中（可以在家上課，透過網路遠距教學等方式讀完高中三年的課程）在學者四名；高中畢業者十九名（其中兩名爲夜校生）；高中畢業後專科學校輟學者一名；高中畢業後專科學校畢業者一名；短大畢業者兩名；大學畢業者一名。

內田龍史與久保由子在序章〈飛特族研究動向與本書的意義〉指出，在大阪的部落，十五～三十四歲的青年失業率爲九・一％（二〇〇一），高於大阪府平均數（七・六％）；尤其十五～十九歲的男性失業率爲三一・三％，女性爲二〇・六％；未上高中的男性三人中有一人無業，女性五人中有一人無業。

部落年輕人高失業率的原因之一可能是低學歷。最高學歷爲國中畢業者在二十～二十四歲群體中占一八・二％（大阪府爲七・一％），二十五～二十九歲群體中占二〇・七％（大阪府爲六・六％），三十～三十四歲群體中占二四・四％（大阪府爲六・九％）。

訪談過程中，有受訪者表示「曾在準備結婚時遭歧視」「有人當面說出歧視的言論」；但卻很少人表示「因出身部落而影響到發展方向的選擇」。

實際上，無論是否出身部落，年輕人的說話內容都相當類似。他們也積極與其他國中的朋友（稱爲「Hokachu」）往來，在這方面看不出「出身部落」的意識。如研究者指出，這次調查中看到的是很普通的年輕人。透過「Mura」（許多部落出身者如此稱呼自己居住的部落）的人際網絡，應該可以訪談到通常很難與成人建立關係的「輕學歷飛特族」。

年輕人為何沉浸於「遊蕩的世界」？

社會學家西田方正在《被排除的年輕人》第三章〈遊蕩與不平等的再生產〉中，提到「父母管教功能不足」的問題：

受訪者被問起家裡的事時，大都回答「父母幾乎從沒叫我用功念書」「教養？幾乎沒提過，不記得有這類的事」。西田方正起初認爲，因爲父母管教不足，亦即採取放任主義，才導致年輕人投身遊蕩的世界，直到有位熟悉當地父母與年輕人狀況的女士指正他後，才修改解釋。

那位在當地負責年輕人事務的女士對西田方正說明：

（以「父母都是一個樣」的受訪家庭為例）父母會說孩子「很囉唆」，或粗魯地對孩子說「喂喂」、催促他們，但我沒聽過孩子說這些話。我從來沒聽說孩子不遵守家規、完全不聽媽媽的話。（略）你們為什麼要這樣詮釋呢？父母親並沒有對孩子做這些事。他們老是說重複的話，但並沒有什麼特別問題。

實際上，訪談過程中頻繁出現以下發言（【】內爲訪者提問）。

我們家門禁時間非常嚴格，雖然我曾經超過門禁時間才回家。【那次結果怎麼樣？】我被痛罵了一頓。【感覺像是與其反抗父母，不如默默挨罵？】確實有這種感覺，不管我說什麼都會被罵。到他們罵完我為止，我一直覺得好像對不起他們。（十九歲，女性，高中畢）

一開始他們還會說「快給我去上學（高中）」，但我畢竟不是女孩子。喔！

因為我父親原本也是在大阪長大的，一直為非作歹，後來就跟我說「去做你喜歡的事吧」。（二十歲，男性，國中畢）

他們父母的學歷大都在高中以下，自己也歷盡滄桑，對孩子嚴格訓斥（視狀況加以體罰），要他們去上學，也無法阻止他們走進「遊蕩」的世界。

一般認爲問題出在貧窮與學校教育上，但西田方正獲得以上資訊後，對此表示懷疑。他主張「對家庭貧困、不會念書感到不滿，並非進入『遊蕩』世界的重要契機」。

父母、老師沒完沒了地對年輕人說國中畢業、高中就輟學對將來的發展不利，但年輕人還是照自己的「意思」中輟。西田方正認爲：「之所以會如此，不也是因爲經濟成長與福利政策，使貧窮階層也能擁有某種程度的生活水準與物質上的滿足嗎？」

以全職家庭主婦為目標與早婚趨勢

《被排除的年輕人》的第二章〈性別、就業與再生產〉是內田龍史針對女性飛特族所做的訪談。十九人中有七人希望將來成爲全職家庭主婦；三人希望結婚或生子時離職，婚後不久就希望能改做兼職工作；有三名回答婚後還想繼續工作（其中一名希望當正職勞工）（其餘六位態度不明）。

在調查中，受訪年輕人說的話並未經過編輯，而是原封不動地呈現出來。所以，這表達了目前幾乎未知的領域——女性飛特族心聲的珍貴紀錄。因此，本書也原封不動地重現她們用自己的語言所表達的人生觀：

【（高中時，就認為畢業後）只要打工就可以了嗎？】我覺得打工就好了。不想工作太久，想工作兩年左右就結婚……雖然沒有對象，但仍這麼想。【……妳的人生會變成什麼樣子呢？妳現在還是想結婚、當全職家庭主婦嗎？】還是有這種想法。所以，我想畢業後隨便找個兼差，過兩年就結婚當家庭主婦……

【國中時就這麼想嗎？】國中時就有這樣的願望。【有沒有想過，要當個衝勁十足、持續工作的妻子……？】沒有，完全沒想過。【完全沒有？】沒有。【現在也不會這麼想？】不會。（二十歲，高中畢）

【妳很期待結婚嗎？】……我並不喜歡花太多心力在工作上。我覺得當全職家庭主婦很好呢！【總之妳覺得如果結婚，以全職家庭主婦之姿致力於家事、育兒的感覺很好？】嗯。（十九歲，高中畢）

她們的另一個特徵是傾向早婚，大部分都「不想當高齡產婦」。以下這段話非常典型：

【朋友之間經常談論（想當全職家庭主婦的）話題嗎？】我們才剛聊過這個話題……交情好的朋友幾乎都結婚了，或跟男友同居……【跟沒工作比起來，結不了婚的焦慮……】更多。也許因為周遭都已婚，也可能因為現在還沒有男朋友，即使有也不長久，所以非常著急……【同輩朋友大都想當全職家庭主婦？】嗯。【有沒有人想自己工作，不想讓丈夫養？】沒有。一個都沒有……【第一次生產的平均年齡是二十八歲呢！一點都不晚喔！】啊！二十八歲難道還不是高齡產婦嗎？（二十歲，高中畢）

未婚生子的單親母子家庭

她們的理想結婚對象是「強壯的男性」。收入不穩定的飛特族當然不在考慮範圍內；收入穩定的上班族、公務員等對她們來說，也完全無吸引力。

我討厭上班族那種人。【為什麼？】不想碰到他們被裁員……比較喜歡從事體力勞動的人，有男子氣概。【妳喜歡這種類型的啊！】……不過，不知為何，有男子氣概的人……都是木匠之類。（二十歲，高中畢）

上班族啦！業務員啦！都很糟糕。【妳討厭那種類型的嗎？】嗯。討厭。【……在工廠工作的人呢？】我也討厭。【什麼樣的人比較好呢？】與工程相關的吧。（二十歲，高中輟學）

【妳覺得那種在現場實際揮汗工作的人比較好嗎？】嗯。【土木工人之類的？】我喜歡土木工人這種類型，做工的人。【這樣的人有什麼魅力呀？】……強壯。（略）【哪種人比較好呢？Mura中好像幾乎沒看過打領帶的人啊？】嗯……我討厭醫生。【為什麼？發生過什麼讓妳印象不好的事情嗎？】就是覺得討厭。【討厭診所的醫生？治療時讓妳很不舒服？】不是。【因為穿白袍嗎？看起來地位很高？】就是覺得討厭。（二十歲，高中夜校輟學）

內田龍史指出，她們「身邊的職業典範有限」。也許因爲如此，她們對「男子氣概」的喜好有個別差異。如果她們身邊有男性上班族，大部分也應該感受不到對方的魅力。

她們另個共同點是性方面早熟。例如有高一的女生（十五歲）表示，父母也知道她與異性發生關係。

【妳跟父親都聊些什麼呢？……學校啦、工作啦、結婚之類的事嗎？】即使交往……現在的孩子不是都會做那件事嗎？這不賴啊！一般來說……不是都用身體交往嗎？不過，只要不懷孕，好像做什麼都可以。除了不要懷孕以外，也沒說什麼……【妳把跟男友的對話告訴父母，父母就說了這些？】我跟男友交往的事不小心露出馬腳，父母就說「就算交往，也不要懷孕」之類的話。（十五歲，仍就讀高中夜校）

受訪者中，也有高中時就未婚生子的女性。

我十六歲的時候吧，跟朋友介紹的男孩子交往，然後懷孕，但在生產前分手了。十七歲那年的五月吧！孩子出生了。孩子出生在五月。孩子的事，沒什麼特別值得一提的吧！生孩子的感覺像是順其自然。因為周圍的朋友生了小孩，所以我也想生的感覺。（二十歲，高中輟學）

各種調查都顯示，女性學歷愈高，愈想長期工作，也希望婚後能兼顧育兒與工作，認爲理想中的家庭是雙薪家庭。相對地，高中畢業或輟學的女性期待在二十五歲或二十歲前，就與從事體力勞動的藍領強壯男性結婚，當全職家庭主婦。

現實上，年輕女性飛特族很少有人完成這樣的人生計畫。許多人離婚，不得不當上單親媽媽，這樣只會讓「貧富差距」愈來愈大。

教育的本質為「擴大階級差距的工具」

妻木進吾在《被排除的年輕人》的第一章〈年輕人置身於相當不利的位置〉中，訪談了年輕飛特族未升學的理由。對於爲何不繼續上大學或專科學校，有人回答「雖然希望升學，但經濟上有困難」，但多數是因爲學校對他們沒有吸引力。

而高中就不上學或輟學的理由，大部分是「聽不懂老師講課的內容」。有位受訪者在小學三年級就聽不懂講課內容了；但在這次調查中，提到在聽課上有困難的受訪者之中，這位「並不算特別早」。

【小學時快樂嗎？】一點都不快樂。最討厭的就是念書了……（討厭的科目）有漢字、國語等等。【從什麼時候開始討厭的？】……上學後，聽不懂講課開始。【上小學後，就開始學寫字了，沒錯吧？從那時就開始覺得有點困難了嗎？】討厭得要死……【上課時都在做什麼？】睡覺、發呆，不是很認真聽課……【也討厭老師嗎？】討厭。【為什麼？】我睡著之後，他把我叫醒。（略）【……上國中後，上課是不是更聽不懂了？】已經不能理解了。【國中時都在做什麼？】一年級時大致還會去上學，二年級就開始不去學校了……一去就覺得很累（笑），三年級時完全沒去。（十六歲，男性，高中輟學）

原爲高中老師的作者青砥恭，在《高中輟學實錄：現今貧窮問題的產生》（ドキュメント高校中退 いま、貧困がうまれる場所）中指出，因爲少子化，許多後段高中招生招不滿，連國中各科成績都墊底、缺課紀錄超過三百天的學生也能入學。不少學生有學習障礙，但學校置之不理，照樣讓他們入學。也有收這些學生的高中老師表示，「在特殊教育學校接受適當的教育，或許比較能幫助他們」。

由此可知，現在「所有孩子都該努力用功上大學」的教育制度，實際上是在折磨無法適應學校或學習的孩子。如果國中三年，上課內容都完全無法理解了，高中三年再做同樣的事，恐怕也沒什麼意義，更遑論升大學或專科學校。這些孩子應該也沒有升學的意願吧！

福澤諭吉的《勸學》中，有一段話人盡皆知：

> **人並非生來就有貴賤、貧富之別。不過勤於求知、博古通今者會成為高貴富裕之人，胸無點墨者會成為貧賤之人。**

在一般認知中，這段話解釋爲「只要勤學就會成功」，但反過來說，「變成『貧賤之人』，就成了不努力求學者自己的責任」。

福澤諭吉洞穿了教育的本質：教育是「擴大階級差距的工具」，將社會分成「上級／下級」。

4 「受歡迎者」與「不受歡迎者」的演變

大規模的社會調查顯示，現代日本社會分裂爲「大學畢業／非大學畢業」兩個階層。正面情緒（幸福程度）最低的是高中畢業或輟學的非大學畢業壯年男性，次低的是非大學畢業壯年女性；而非大學畢業的青年男性除了主觀自由意識外，其他的正面情緒都非常低。

同時，此調查也揭露了「（應有高度正面情緒的）大學畢業群體中，青年男性幸福程度最低」的異常事實。

爲何男性的幸福程度這麼低？這是研究「上級國民／下級國民」時無法逃避的問題，我想試著深入探討。

我已經爲這個研究主題訂下名稱：「受歡迎者／不受歡迎者」。

女性的幸福程度高於男性

二〇一五年的ＳＳＰ社會調查中，針對「你目前的幸福程度爲何」這個問題，回答「幸福」的男性有六七・八％，女性有七四・〇％。「對整體生活的滿意程度」此一問題，回覆「非常滿意」與「有點滿意」的男性有六七・〇％，女性有七四・一％。

現代日本有超過三分之二的人認爲自己「幸福、對生活滿意」。某些知識分子悲觀地認爲「日本社會不斷惡化，日本人愈來愈不幸」，這項調查是對此論調的有力反證。無論從歷史或全世界的角度來看，現代的日本社會「整體而言」是處於順境的。

但透過這些問題可知，認爲自己「幸福」的日本女性比男性多了六・二％；對生活「滿意」的女性比男性多了七・一％，這絕對不是小差距。

男性的「不穩定性」高於女性

為何日本女性自認比男性幸福，生活滿意度又高於男性呢？為探討其箇中原由，我參考了社會學家吉田徹「重視當下」「擔心競爭」「擔心失去」的圖表。

①**重視當下**：與其為了將來而省吃儉用或努力奮發，不如享受自己現在的人生

②**擔心競爭**：擔心自己被他人超越而不知所措

③**擔心失去**：擔心失去自己所得事物而感到不安

以上三個項目，吉田徹總稱為「不穩定性」。「重視當下」的人，放棄為了未來而節約、努力，而造成未來的不穩定。

圖表13分別從「男／女」「青年／壯年」「大學畢業／非大學畢業」的分類，來探討日本人的不穩定性。

圖表13 **現代日本人的「不穩定性」**

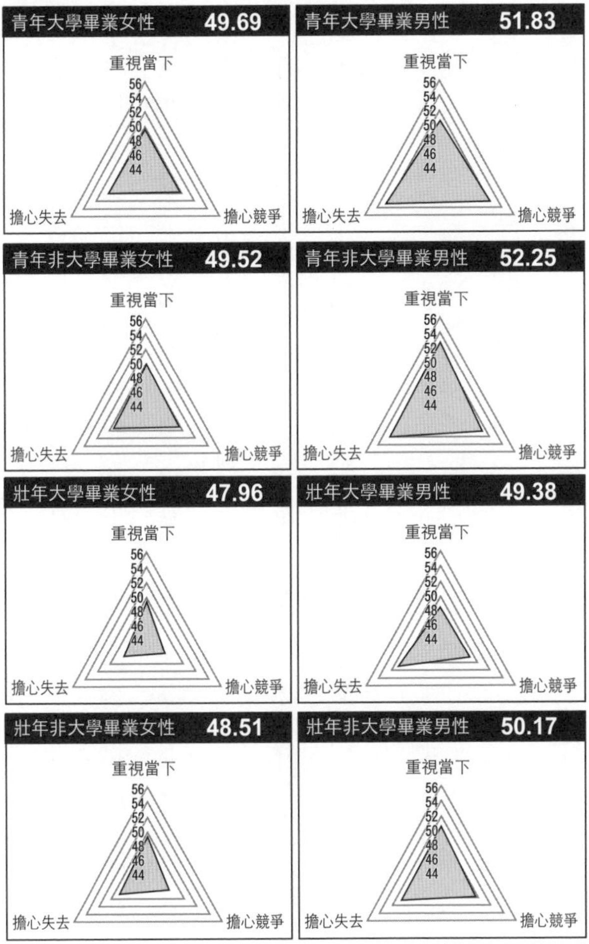

引自吉川徹《日本的分裂》

三角形面積較大者表示較不穩定。一看即可知，比起女性，男性顯然對自己的人生與未來展望較爲不安。男性之中，不穩定性最低的是「壯年大學畢業男性」（形成日本社會核心的「大叔」）；女性中，不穩定性最高的是「青年非大學畢業女性」。「青年的不穩定性高於壯年、非大學畢業者的不穩定性高於大學畢業者」，此趨勢相當明顯。理由是年紀愈大，人生選擇愈少（前文提過）；以及大學畢業者比非大學畢業者容易找到穩定的工作。

照理說，「青年大學畢業男性」應該是幸福程度最高的群體，但他們正面情緒強度卻很低，似乎也是因爲與同年齡層的大學畢業女性相比，他們的「不穩定性」相當高。

男女「受歡迎」的結構不同

女性主義者應該對「女性的幸福程度高於男性」頗感欣慰，但大家目前仍忽視此事實。原因是這可能肯定了男尊女卑的社會——「既然幸福，就保持（女性被歧視的）現狀吧」。

女性社會地位低，幸福程度卻高，就我所知，這種弔詭的情況仍無確切的解釋。因此，我先說明暫定的假說：「男女『受歡迎』的結構不同」。

演化心理學的標準說法是，男性繁殖成本極低，而女性繁殖成本極高；若成本效益不同，就會產生南轅北轍的最佳化策略。

男性幾乎不費成本就能製造精子，要盡可能將自己的基因傳於後世，最佳策略就是「跟所有（可能懷孕）的女性發生性行爲」。就像征服大半歐亞大陸、廣建後宮的成吉思汗，權傾天下的男性留下的子孫數目都十分驚人。蒙古人中，四人即有一人是成吉思汗的「直系子孫」。太田博樹在《遺傳人類學入門：成吉思汗的**DNA**在說什麼？》（遺伝人類学入門　チンギス・ハンのDNAは何を語るか）中指出，全世界的男性（約三十七億人）中有〇・五％，亦即一千八百五十萬人與蒼狼（傳說中的野獸，被視為蒙古人祖先）的父系血統有關。

相對地，女性一旦懷孕，要費時九個月才能生產。嬰兒無法獨立生存，需要一～二年的授乳期長大。因此，生育年齡所能生產的子女數有限，生產後若缺乏男性（丈夫）的支援，母子都無法生存。最重要的「支援」是確保安全，其次是食物，包括舊石器時代在內，人類歷史中有大半的食物是動物肉類，農業社會後則爲穀物或金錢。對女性而言，最佳策略是與男性建立長期關係，才能從中獲得最大限度的「支援」（資源）。

從演化論的角度來看，所謂**「愛情的不合理」是指男性的「濫交」與女性的「挑剔」兩者利弊（性策略）的互相抵觸**。這種解釋應該會引起許多人的不快，但關於這點，演化心理學累積了相當多的證據。

年輕女性的「情色資本」

女性在青春期時，體型會快速變得「女性化」，引來男性的熱烈注目。年輕女性的「情色」有極高價值，也與各種行業結合，包括偶像、模特兒、寫眞明星、賽車皇后、酒店等特種營業、AV女優等。

經濟學以「人力資本」來解釋工作與賺錢。我們將「金融資本」（即金錢）投資於金融市場，想從股票、債券、外匯、比特幣上獲取利益；同樣地，也將人力資本投資於勞動市場（即工作），以獲得財富。

英國社會學家凱薩琳．哈金在《姿本力：從會議室到臥室都適用的強大力量》中指出，**年輕女性擁有龐大的「情色資本」，並將其在資本市場換成現金來獲利**。

不過，對性極其壓抑的西歐文化並不認同此事，而強行要求女性對男性免費提供稀有的「情色資本」。哈金強烈批判某些反對性交易的女性主義者，認爲他們與擁護「男性支配」者並無不同；因爲社會上有許多年輕女性除了「情色」以外，幾乎沒有任何資本；若認定性交易等特種行業違法、禁止運用「情色資本」，就是「剝削」。

女性的情色資本依年齡而有天壤之別，十五歲之後的十年間最多，之後慢慢遞減，過了三十五歲就所剩無幾。這點不需言明，女性本人應該非常清楚。從以前的女童舊校服、舊內褲商店、女高中生按摩店，到最近的大叔包養網站、飲酒派對（男性支付費用邀請女性出席的派對），無論如何禁止，「將情色資本換成現金」的手法仍不斷翻新，以各種稀奇古怪的方式出現，就是因爲大家強烈意識到情色資本有「期間限定」。

擁有鉅額金融資本的富裕階層、從龐大人力資本獲得高報酬的菁英商務人士，幸福程度應該都高於缺乏金融資本與人力資本的人。以此觀點來看，擁有龐大情色資本的年輕女性，幸福程度高於缺乏（或只有少量）情色資本的年輕男性，就不足爲怪了。

開啓「戀愛話題」的目的是？

年輕女性擁有珍貴的情色資本，幸福程度（正面情緒）高，而該「資本」會隨年齡而減少，便可解釋爲何女性到了壯年，整體正面情緒會下降。

不過這樣的解釋仍有令人存疑之處。因爲壯年女性即使失去情色資本，不穩定性仍低於壯年男性，正面情緒也比較高——大學畢業者除外。不過，雖然壯年大學畢業男性的正面情緒高於壯年大學畢業女性，壯年女性的幸福感仍高於壯年男性。

這是爲什麼呢？對此，我有一個暫定的假說：我認爲這是因爲**女性擅長「建立連結」**。相對地，男性容易陷入孤獨，隨年齡增長，朋友往往愈來愈少，陷入孤立狀態。

這也可以用「男女性策略的不對稱性」來說明。

在猿猴與類人猿中，行一夫多妻制（如大猩猩）、雜婚制（如黑猩猩）的種類，雄性的權力鬥爭都相當激烈，形成明確的階層。如果你到動物園的猴山，就連外行人應該也能分辨出哪一隻是猴王。

相對地，雌性的階層極難辨別，雌黑猩猩並沒有像雄黑猩猩那樣的階級。最近有一項研究詳細觀察生活於飼育與野生環境的黑猩猩。該研究指出，經由理毛的順序，可明確發現雄黑猩猩之間有分界模糊的階層，其中有老大的存在。

人類團體也是如此。家庭餐廳裡如果有男高中生團體，馬上就可以看出誰是老大；女性雖然會依打扮等差異而形成小團體，但很難從中分辨誰是老大。

從演化論的角度，這點可由女性的求偶競爭不若男性激烈，以及為了保護自己的身體，必須發展女性間的網絡來解釋。

對希望「雜婚」的男性而言，想跟更多女性發生性行為，最有效的策略並非提供「純粹的愛」（只跟一名女性交往），而是將「純粹的愛」這張空頭支票開給許多人。誰都知道，這是男性的「欺騙策略」，他們幾十萬年以來都在做這種事。

不過，女性連連吃癟後，理應掌握了對抗男性空頭支票的武器，其中之一就是「蜚短流長」。女性團體中的情報交換非常有用，如「哪個傢伙是金玉其外的渣男」「騙子都用什麼伎倆」等等，這稱為「戀愛話題」。

這種觀點雖相當具說服力，但女性間建立「連結」，實際上有更重要的理由，就是確保安全。

對女性「最大的威脅」

從舊石器時代到最近才有了人類歷史上首次的「MeToo」運動。很遺憾地，對新興國家的女性而言，最大的「威脅」仍然是男性的暴力。從男性的「濫交」策略來看，以「欺騙」來追求女性太過麻煩，用暴力強行要求性行爲更簡單多了。

爲制止男性的性暴力，人類社會建立了各式各樣的社會機制。在某些社會，若性侵他人妻子，將受到嚴厲制裁（受害女性也可能一併處死）；性侵他人的女兒或妹妹，除了必須以金錢賠償其父兄，還必須娶受害者爲妻。印度的農村現在仍有此陋習，因爲歷史上，女性一直是男性的所有物。

這些文化雖然不合理，但目的在於管理男性的性欲，建立社會（共同體）的秩序。不過，男性暴力如果有這麼高的危險性，女性應也有防守的機制。

防守機制就是「女性團體的連結」，因爲個人在體力上無法對抗男性，女性便發展同理能力，所有人共同制止對團體中女性的暴力。

在黑猩猩團體裡，被雄性施加暴力的雌黑猩猩會高聲訴苦。之後，附近的雌黑猩猩會一起發出譴責聲，雄性就會垂頭喪氣地逃散。

雌黑猩猩能建立這種制止雄性暴力的機制，與牠們同屬一演化系統的人類也有此機制，就不足爲奇了。

「擁有」與「受歡迎」

現代的演化論認爲，「因男女性策略的對立，人類社會由一夫多妻制變爲一夫一妻制」。有出息（經濟能力）的人，妻子或女朋友要多少有多少，但缺乏經濟能力者最多只能有一個妻子。男女人數若相同（實際上多數地區男性人數較多），用小學生程度的數學計算，即可得知大量男性會一輩子單身。

男性過度在意「階級」，是因爲階級與「受歡迎與否」有直接關係。

所有調查皆顯示，女性受歡迎的最主要因素是「年輕」；男性則爲「金錢與權力」，亦即在共同體內的地位。

因此，在演化的過程中，男性逐漸形成「爲引人注目而激烈競爭」的特性。男性若無法炫耀自己的天賦或資源，不管他是多麼「好」的人，也不會被女性視爲性愛對象。

同時，男性也朝「在團體中彼此競爭」的方向演化。黑猩猩若遇到其他團體，會殺光其中的雄性與（哺乳中的）幼獸，讓雌性加入自己的團體。如果說人類本性也隱藏了這樣的團體暴力，最明顯的表現就是人類會建立比其他團體更強的團體。因爲身處於較弱的團體中，無論再怎麼成功，當遭受更強的團體襲擊時，就會賠了夫人又折兵。

於是，男性要在團體中占據最顯眼的位置，打倒身居高位者，取而代之；同時，還要促使所屬團體成爲天下第一（統一天下）。任何團體的領導人都只有一個，其他人若不服從，就只能離開團體。團體內的競爭結果產生支配與服從的關係，就是男性社會的階層。

在性擇（生物朝對異性而言較有魅力的方向演化，而使某些遺傳上的性質遭到淘汰）**的過程中，男性要成爲「擁有者」（達到較高階級者），與成爲女性間的「受歡迎者」，條件是一樣的**；而「非擁有者」（缺乏金錢與權力者）同時也是「不受歡迎的男性」。

我認爲「男性間的友情」只有在年輕時才能建立，因爲男性要捍衛自己的團體，打敗其他團體，這是演化後產生的適應。擁有最強「戰鬥力」的年輕男性若不締結「男性（友情）的紐帶」，只知圍繞著女性，在團體內彼此衝突，就抵擋不了其他團體的攻擊。

極端憎惡男同性戀的恐同者，也許是把同性戀與「男性的紐帶」搞混了。這雖然是男性想獲得女性的性愛，卻被「設計」成厭女的異常心態，但從避免不慎讓女性混入「男性紐帶」之心理防衛機制的角度來思考，便可理解。

黑幫團體中，能光明正大地跟情人同進同出只有大哥（首領），其他成員只能背地偷偷與女性交往（小嘍囉與女友一起光臨黑道事務所，是無法想像的事）。青春期開始，男性便被性愛俘虜；若組織裡只有男性，又是高度戰鬥性質，只得將女性排除在外。從軍隊到上下關係嚴格的體育類社團，莫不如此。

不過，男性團體內不久就會形成明確的階層，如果對女性的「分配」過於偏頗，「友情」將逐漸消失。**一旦過了一定的年齡，「男性紐帶」就會解開，男性就做不成「朋友」**了。

女性不在意「階層」？

因爲男女性策略的不對稱性，在男性的世界，「擁有者＝受歡迎者」與「非擁有者＝不受歡迎者」的道理相符。但女性在社會、經濟上的成功與是否受歡迎無關；有些女性雖是女強人，卻很受歡迎，也有尼特族受歡迎的例子（或者相反）。

戀愛小說（漫畫、電影）的經典劇情，就是笨拙、尚未發現自己魅力的

「年輕」女主角，與醫師、律師、菁英商務人士等擁有高社經地位，因過去的痛苦經驗（如車禍痛失愛妻）而過著孤獨生活的男性相遇，幾經波折，最後墜入愛河。這種情況中，女主角有沒有工作都無妨，邊「尋找自我」邊在附近咖啡店打工的女性，比菁英女性更受歡迎。

如果將「男女戀愛之不對稱性」的設定反過來看，大概就能理解了。男主角雖是帥哥，但過了三十歲，還只是個飛特族，待在父母家當寄生蟲，某日遇到職場女強人……最近或許有些故事是如此設定的，但大部分女性應該不覺得「無錢無勢的沒用男人」有什麼魅力吧！

人類社會一直以來都是「寬鬆的一夫多妻制」，現代成立的一夫一妻制是極爲特殊的文化。

一夫多妻制是以某些規則爲基礎，數名女性共享一名男性（掌權者）。當然，其中也存在競爭（互扯後腿），但不會跟男性團體一樣，形成界限分明的階層。要守護、養育自己的孩子，女性間彼此協調，比競爭更有利。

這就是女性與男性不同的地方；**女性的「上層階級」意識雖低，但並未直接導致她們生活滿意度與幸福感的低落**。

比較「青年非大學畢業」的男女兩性，便可理解這一點。高中畢業或輟學的年輕男性，上層階級的意識極低，生活滿意度與幸福感也隨之降低；但相同學歷的年輕女性，階級認同與幸福感之間並沒有同樣的關連。

為什麼女學生想出國留學？

在舊石器時代，人類以狩獵採集爲生，一般認爲當時人類是採取親族團體共同生活的方式，一個團體約一百到一百五十人。但爲了避免近親通婚產生有害的遺傳變異，必須以某種方式在團體內加入「新血」（DNA）。

文化人類學的創始人李維史陀調查了各式各樣的傳統社會，發現其中的共同點就是「亂倫禁忌」與「交換女人」。爲了避免亂倫，只能在團體中「交換」男性或女性。而從爲了捍衛團體，必須留下年輕男性的演化方向來思考，便可理解多數情況都是「交換女人」。

實際上，與黑猩猩一樣，跟人類親緣關係最接近的靈長類——侏儒黑猩猩，也是用這種方式避免亂倫。

雌侏儒黑猩猩一旦到了青春期，就變得喜歡冒險。牠們感興趣的是其他團體的雄性，而非自己熟悉團體內的雄性。雌侏儒黑猩猩遇到不同的團體時，會改加入其他團體；青春期的雌侏儒黑猩猩也會突然離開同夥，加入偶遇的其他團體。

日本年輕人有「避免向外行動」的傾向，但女學生對留學卻很積極，也很享受出國旅行的樂趣。相較之下，一般認爲男學生幾乎不想踏出日本。

這並非單憑我的印象所得出的結論。獨立行政法人日本學生支援機構依據平成二十九年度（二〇一七）協定等文件，調查了日本留學生的狀況。結果顯示，以學生交流協定等方式留學的學生中，男性有二萬五千二百一十人（三八・二％），女性有四萬零八百四十八人（六一・八％），兩者有極大差異。

當然不能光憑這項事實，就說「日本年輕人跟侏儒黑猩猩一樣」。不過，除了必須用某種方式避免近親通婚以外，也不能排除以下的可能性：在演化的過程中，人類與同一系統的侏儒黑猩猩一樣，**年輕女性被「設計」成一旦到了青春期，就開始喜歡冒險**。

如果男性留在團體內，女性離開團體，男性間的關係就會更加緊密；但另一方面，也會因「前輩」「後輩」的羈絆而困擾。從軍隊到黑幫、暴走族，男性團體的上下關係是絕對的，女性團體則沒有這麼極端的階級觀念。

這也許是因爲女性團體成員的頻繁移動所致。原本在一起的成員改加入其他團體，接著又有新成員加進來；如果這種情況經常發生，便無法形成固定的階級，彼此的連結應該也很鬆散。從男性的角度來看，「女性間雖然可以很快產生情誼，但斷絕往來時也很乾脆」，這或許也是因爲「關係的流動性」所致。

因**「男女性策略的不對稱性」，導致男性隨年齡增長，朋友愈來愈少，女性則無論何時都能建立新的朋友關係**。我認爲這是壯年女性與男性，其正面情緒有極大差異的原因，尤其在非大學畢業的群體更加明顯。

現代社會是「事實上的一夫多妻制」

戰後的日本社會，直到一九七〇年代，男性（三十五～三十九歲）的未婚率都在一〇%以下，「到了三十歲，大家都會結婚」是天經地義的事。但到了八〇年代，未婚率開始上升，二〇一五年則爲三五．〇%，男性三人中有一人將近四十歲依然單身。而女性未婚率也隨之提高，到達二三．九%，即四人中有一人單身。

到了五十歲，完全沒有婚姻經驗的人（日本把五十歲尚未結婚的人歸類爲「終生單身」），依據二〇一五年的統計數字，男性有二三．四%，女性有一四．一%，兩者有極大差距。

在社會依然貧窮，若不「共同生活」即無法生存的時代，日本人的結婚率很高。之後因高度經濟成長，社會快速富裕，人們得以採取「不婚」「不生」的生活方式。這樣的說法固然沒錯，但若只是經濟富裕的影響，男女的未婚率理應以相同速度升高，但爲何只有男性的未婚率這麼高呢？

若男女人數相同的話，答案只有一個——**某些男性與數名女性結婚**。

日本與歐美各國一樣，不能擁有兩個以上的妻子，現代社會也不容許從前很普遍出現的「妾」或「情婦」。但另一方面，離婚率上升，不少人一生結過兩、三次婚。

假設部分男性與未婚（年輕）女性再婚，而離婚女性未再婚，是單親家庭，就可說明男女未婚率的差異。而這是歐美、日本等已開發國家的共同現象。

一夫多妻制指一名男性同時娶數名女性爲妻。已開發國家**有愈來愈多人反覆結婚又離婚，形成「事實上的一夫多妻制」**。

名人出軌有時會成爲眾矢之的。但對他們來說，要達成離婚協議、支付贍養費以恢復單身，是易如反掌的事。對某些家財萬貫的男性（上級國民）而言，要實行「事實上的一夫多妻制」，並非難事。

當然，離婚必須花費大量金錢與精神上的成本。而那些能雇用律師把這些麻煩事穩當解決的，應該是具有相當社會、經濟地位的男性。而這樣的男性因為是「擁有者」而「受歡迎」。

因此，在無論男女皆可照自己的意思結婚、離婚的自由戀愛社會，**理應是社會主流的男性，必然分裂為「受歡迎者＝擁有者（上級）」與「不受歡迎者＝非擁有者（下級）」**。

「受歡迎者」與「不受歡迎者」的分裂

日本的社會主流是「男性」，但男性逐漸二分為「受歡迎者」（擁有者）與「不受歡迎者」（非擁有者）。圖表14顯示其間的關係。

「受歡迎者」構成男性的上層階級，是社會、經濟上的成功者（擁有者）；同時也受女性歡迎，一生中與好幾個女性戀愛、結婚。而「不受歡迎者」則組成男性下層階級，是無錢無勢的「非擁有者」，女性對他們不感興趣。

因社群網站等通訊科技的普及，「受歡迎者」（被稱爲「現充」）被視覺化，與「不受歡迎者」的差距愈來愈大。「不受歡迎」的男性一定會看到全世界「受歡迎者」的圖像、影片，實際體驗到其中的差距。

圖表14「受歡迎者」與「不受歡迎者」的分裂

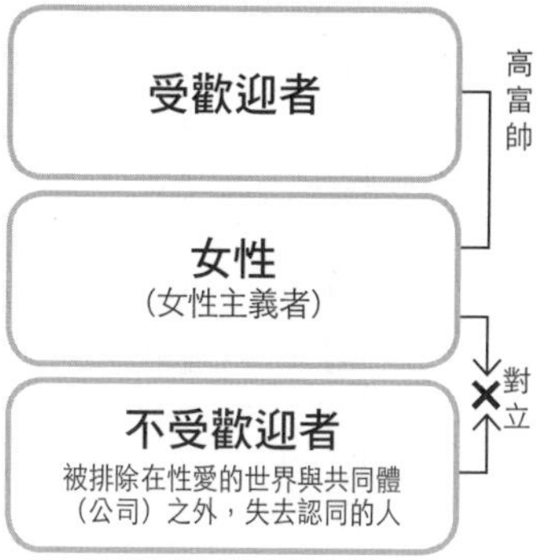

在現代日本，對男性而言，共同體是公司（工作），男性以事業上成功致富來吸引女性的注目。反過來說，非正職勞工、飛特族等**無法在事業上成功的「非擁有者＝下級國民」就被共同體（公司）排拒在外；更進一步，在性愛中也遭排斥**。這種「雙重的排除」，最近以「沒有安身立命之處」表現出來。

「受歡迎」的男性與女性的利害關係並未對立，他們贊同「男女平等」的理念，成爲參與家事、育兒的「奶爸」。相反地，「不受歡迎者」認爲自己被排除在性愛的世界之外，遭受女性的壓迫，對意圖增加女性權利的女性主義採敵對的態度。

這就是厭女的結構，不只在日本，歐美也很常見。

男性解放運動與厭女

依據二〇一八年的統計，在十萬人中，男性自殺者有二三·二人，女性自殺者有一〇·一人，男性是女性的兩倍以上，與拒絕上學的男女比例幾乎相同。依據內閣府的「繭居族實況調查」，繭居男女比例爲四比一。這樣的趨勢不只發生在日本，歐美的高中輟學男生也造成嚴重的社會問題（不過從青春期開始，女性憂鬱症患者明顯多於男性）。

既然日本是男性優勢社會，爲何「占優勢」的男性自殺率、繭居率都比較高呢？

對此，某些「男性主義者」主張：「因爲被歧視的是男性。」被軍隊徵召、在戰爭中死亡的都是男性。社會承平時，男性被「一家之主」的重擔壓垮，導致過勞死或過勞自殺。但媒體、知識分子只關心LGBT（女同性戀者、男同性戀者、雙性戀者、跨性別者）等弱勢團體或女性的歧視，對更嚴重的「男性歧視」視而不見。

渥倫・法若（Warren Farrel）在《男性權力的迷思》（*The Myth of Male Power*）中提到，受一九六〇年代婦女解放運動的啓發而開始的男性解放運動，目標是消除對男性的歧視，就像要求消除對女性的歧視一樣；認爲兩者聯合鬥爭，才能實現眞正男女平等（完全沒有性別歧視）的理想社會。

不過，現在網路上充斥著仇女言論，與對「主張爭取權利的女性」的謾罵叫囂。爲何會演變成如此情況？**其實這是「不受歡迎的男性」受歧視所導致的現象，並非「一般男性」的**言行。

在男性占優勢的社會中，女性固然遭受各式各樣的歧視，但同樣地，不受歡迎的男性也被趕到男性社會的最底層，陷入連存在本身也被全面否定的絕境。因此，在「不受歡迎的男性」（下級國民）眼中，「受歡迎的男性」（上級國民）與所有女性都是壓迫自己的「敵人」。

年收入低的男性無法結婚

荒川和久在《超單身社會：「單身化」時代來臨！即使一個人，你也能活下去嗎？》中指出，日本社會急速進入「單身化」。他依據「二〇一七年就業結構基本調查」製作出圖表15，顯示男女五十歲時年收入與未婚率的關係。

從圖中可明顯看出，男性年收入愈低，未婚率愈高；結婚率隨年收入的提升而增加。終身未婚者中，年收入三百萬日圓以下有三成；二百萬日圓以下有四成；結婚一次以上者，年收入六百萬日圓以上約九成；年收入超過一千萬日圓以上的約九五％。

相對地，女性則是年收入愈低結婚率愈高，未婚率隨年收入上升而提高

圖表15 年收入與男女50歲時的未婚率

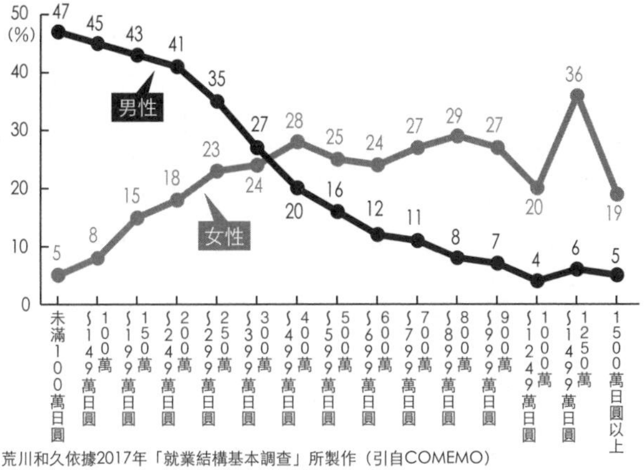

荒川和久依據2017年「就業結構基本調查」所製作（引自COMEMO）

（女性年收入一千萬日圓以上的母數很少，圖表上的極端變動可能是因爲有異常值）。不過並不能因此推論「女性收入愈少結婚愈容易，收入增加後結婚難度變高」。

這張圖表顯示了「四十五～五十四歲」的女性資料，這個年齡層年收入未滿一百萬日圓的大都是全職家庭主婦，或兼差所得不需負擔社會保險費範圍內的打工主婦。從這個角度來看，她們結婚率高是理所當然的。

同樣地，年收入超過一千萬日圓

的「女強人」結婚與否，應該在她們三十歲後半時，亦即十～二十年前就決定了。既然如此，之後因專心工作而提升年收入，是很自然的事；「年收入高」與「女性無法結婚」並無因果關係。

更有趣的是，女性未婚率以年收入約五百萬日圓爲分界點，轉爲平穩狀態。這表示丈夫參與育兒、妻子能擔任正職勞工的家庭增加了。

依據「二〇一七年國民生活基礎調查」，有未滿十八歲孩子的家庭中，年收入一千萬日圓以上的家戶占一八．六％，即五戶中有一戶。

孩子未滿十八歲，表示父母親是三十歲世代，最多不過四十歲世代。依據二〇一七年的資料，上班族男性的平均年收入，三十歲世代爲四百八十七萬日圓，四十歲世代爲五百八十七萬日圓；由此看來，五戶中有一戶年收入超過一千萬日圓，是不可能的事。

那麼，爲何會有這樣的結果呢？我想大家應該知道答案了，因爲高所得家戶多數是雙薪家庭。

年輕人年收入要到一千萬日圓固然困難，但如果夫妻都是正職員工，家戶收入超過一千萬日圓（假設丈夫年收入六百萬日圓，妻子年收入四百萬日圓）並不足為奇。

在日本社會，有許多低收入男性與結婚無緣，也有許多男性負擔全職家庭主婦與兒女的生活，靠一人收入支撐家計而耗盡心力。但另一方面，夫妻都從事高收入職業，享受優渥生活的家戶也確實持續增加。

高學歷、高收入的專業人士通婚，稱為「同質婚」（指與自己身分地位接近的人選婚配）。以歐美為中心，這類型的婚姻迅速增加。菁英的同質婚正在構成現代社會最富裕的階層。

「難以步入婚姻」的男性

記者奧田祥子於二〇〇四年在週刊製作「結不了婚的男性」特輯時，開始關心「男性問題」。她將採訪集結成《男性好像很辛苦》（男はつらいらしい）

一書，書中描寫四十多歲，將步入五十歲仍未婚的男性之困境。

或許有人會覺得「自由的單身生活不是很好嗎」？但「爲何不結婚」「爲何不成家」的社會壓力排山倒海而來，被貼上「終身未婚」標籤的男性，心理壓力如千斤重。

當然，「結不了婚」有各式各樣的理由。奧田祥子稱爲「追求白雪公主型」的男性，具備外貌、收入之類受歡迎的所有條件，但要求的標準太高；等年紀大了，年輕女性也不會想跟他交往。

「畏首畏尾型」的男性，外貌不差，也有溝通能力，但因少了一點什麼，對積極交際畏縮不前。也許因曾經繭居，或許因工作非正職而收入少。他們對此相當在意，所以不敢跟女性說話。

「沒人緣型」的男性最接近「不受歡迎者」的形象。

岡本修治（假名，三十三歲）身高約一六〇公分、身材微胖。穿著皺皺的襯衫與西裝褲。奧田祥子對他的描寫是「恕我必須說，外表稱不上『帥氣』」。

岡本先生家在神奈川縣經營小規模機械零件工廠。私立男子高中畢業後，他就在家裡的工廠工作，現在仍與父母同住。目前從未與女性交往過，除了母親、差三歲的妹妹及五十歲世代的女員工外，平常沒有機會和異性好好說話。

他說：「雖然周遭沒有女性朋友或情人，但對我來說很平常，不覺得有什麼特別的。」但自從妹妹結婚後，岡本先生就開始參加相親活動。因爲他看到妹妹的小孩出生了，家庭看起來很幸福，就覺得結婚「眞好啊」。

訪談的過程中，他緊張的心情原本已放鬆下來；不過當奧田問他：「目前爲止，爲了尋找結婚對象，你採取了哪些行動呢？」岡本的臉色瞬間一暗，嗓門也變大聲，開始喋喋不休：「因爲、因爲我這個樣子，不知如何跟女性接觸、嘴又笨，總是不成功。妳能了解嗎？就連我自己，也爲這種樣子而煩惱。」

政府積極展開少子化對策，行政機關主辦相親舞會；有人藉著這些機會遇見了伴侶，但也有些男性陷入更深的絕望。

「不受歡迎者」的恐怖主義

嚴格的一夫一妻制是從現代歐洲開始的特殊制度，因歐洲的殖民擴張而普及到世界各地。女性主義者強烈批評一夫多妻制落伍、侵犯女性權利。「愛情」必須是由至高無上的紐帶所連結的「浪漫愛」。

但到了最近，美國出現了令人矚目的奇特現象。與戀愛無緣的年輕男性在日本被稱為「不受歡迎者」，在美國則被稱為「非自願禁欲者」（Involuntary celibate，Incel）：非基於宗教理由，而是因自己無法控制的因素（非自願）而處於禁欲狀態。此自虐性的俚語，迅速在網路世界傳播開來。

二〇一四年五月，有個名叫艾略特．羅傑（Elliot Rodger）的年輕人，在加州聖塔芭芭拉隨機槍擊，造成六人死亡。此事件有一點相當令人注目：二十二歲仍是處男的羅傑自稱「Incel」，在YouTube上播放「犯罪聲明」，宣稱要向不跟自己交往的女性復仇。

事件發生後，羅傑被奉為非自願禁欲者之「神」。此後連續發生多起兇殺案，如一五年十月奧勒岡州社區大學槍擊案（九人死亡）、一七年十二月新墨西哥州高中槍擊案（二人死亡）、一八年二月佛羅里達州高中槍擊案（十七人死亡）、同年四月多倫多街頭的貨車撞人案（十人死亡），都是「非自願禁欲者」造成。這正是「不受歡迎者」的恐怖主義。

在「非自願禁欲者」的世界，「受歡迎」的男性被稱爲查德（Chad），有魅力的女性被稱爲史黛西（Stacy），非自願禁欲者則被排除在查德與史黛西的愛情遊戲之外。查德在男性階層中位居前二〇%，他們身邊聚集了八〇%的史黛西。因此，占男性八〇%的「非自願禁欲者」，必須爭奪僅剩二〇%的（缺乏吸引力的）女性。

奉行伊斯蘭國之伊斯蘭基本教義派的恐怖主義者，對受「撒旦」支配的西歐國家進行恐怖攻擊，目標是實現《可蘭經》中理想的「神之國度」。非自願禁欲的恐怖主義者則夢想終結查德與史黛西製造之不合理、不公平的「自由戀愛」，實現所有男性都能平等「分配」到女性的理想世界。

非自願禁欲者認爲「自己被（對查德趨之若鶩的）蕩婦壓迫」，極端厭惡女性主義；但不可思議的是，他們與某些女性主義者步調一致，極力提倡恢復一夫一妻的傳統性道德。

只要稍微思考一下，就可解開這個謎題。

若有男性十人、女性十人，實行一夫一妻制的話，一名男性就可獲得一個妻子。但若實行一夫多妻，有魅力的男性就可以有兩個妻子，五名男性將一無所得。也許有很多女性認爲跟永無出頭之日的男性結婚，遠不如當有錢人的「情婦」吧！

由此可知，**一夫一妻制對不受歡迎的男性有利，一夫多妻制則對受歡迎的男性與全部女性有利**。非自願禁欲者正因注意到這一點，才會大肆攻擊帶領社會走向一夫多妻制的自由戀愛。

「大黑狗」的問題

非自願禁欲者大都是年輕白人，也是川普的強力支持者。川普的堅定支持者雖屬美國的社會主流——「白人」，不過他們是被驅逐至下層階級的「貧窮白人」。與非自願禁欲者同爲「被趕到下層階級的社會主流」，擁有完全相同的自我意識。

這種現象不只在美國出現；主要發生在已開發國家的震撼社會事件，如英國的脫歐、法國的黃背心運動等，背景因素通常都包括「主流的分裂」，日本也不例外。

爲愼重起見，我先說明，本書處理的問題是男性「受歡迎者」與「不受歡迎者」，並非不重視對女性的歧視。

「自私的基因」爲了盡可能製造更多子孫（基因複製），遺留於後世，將人類「設計」成複製自私基因的「載體」——從這個角度想，無論男女，「性愛＝生殖」才是生命的核心。

但因男女性策略的不對稱性，在戀愛的自由市場，男性處於強烈的競爭壓力中。結果，**「不受歡迎」的男性被排除在性愛之外，整個人生都被否定**。

即使如此，社會上的熱門話題仍是ＬＧＢＴ之類「容易看見的弱勢團體」，這使「主流中的下層階級」——「不受歡迎者」的存在目前仍遭漠視。

評論家御田寺圭在《矛盾社會概論：「自由」束縛了世界》（矛盾社会序説 その「自由」が世界を縛る）中，稱此現象爲「大黑狗的問題」。

棄犬保護機構中，毛色明亮或體型小的狗比較容易找到領養人，乏人問津的「大黑狗」大都被安樂死。在現代社會，「不受歡迎」的男性正如「大黑狗」一般。

神與英雄

「非自願禁欲者的反抗」並非只發生在北美，而是當今已開發國家的共通現象。

二〇一六年五月，韓國首爾發生隨機殺人案。位於鬧區的地鐵江南站附近，一間商業大樓的廁所內，一名二十三歲女性遭陌生男子刺殺十幾刀致死。犯人在現場即遭逮捕，他對警察表示，因「在社會生活中遭女性忽視」便動了殺機，對韓國社會造成極大衝擊。

二〇〇八年六月，日本秋葉原發生隨機殺人案，當時二十五歲的犯人是汽車工廠的派遣員工，所以大家都把注意力集中在「派遣契約結束」上，但網路上有些人視這名男子爲「對社會復仇之神」。

二〇一六年七月，日本相模原市障礙者收容中心遭離職員工闖入，十九名收容者被殺害，二十六名職員受輕重傷，這是戰後死傷最慘重的大規模兇殺案。犯人當時二十六歲，曾至眾議院議長官邸遞交信件，要求對重度障礙者執行「安樂死」；加上其他異常行爲，他被安排強制住進精神病院。之後，經醫師診斷「無加害他人之虞」，准許出院。

對於媒體的採訪，他回應「我不認爲無條件地拯救人類性命會增加人類的幸福」，以此正當化自己的犯罪行爲；並表示「對於讓遺族受悲傷、憤怒之苦，我想衷心向他們道歉」；但對被害者，他堅持「自己所殺的不是人」。網路上有些人對這名男子稱讚有加。

曾任農林水產事務次長的父親刺死四十四歲長子一案，網路上也有稱讚該父親「幹得好」的言論。

這一連串事件象徵了現代的日本。

被社會、性愛排除的復仇男性被吹捧爲「神」；這類被共同體排除的男性則被視爲「英雄」。

PART 3

「上級／下級的分裂」造成世界動盪不安

5　自由化的世界

我們生存在什麼樣的世界？看了圖表16就能一目瞭然。

這張圖將每一千八百年設定爲「1」，顯示西元前一千年到二千年間每人的平均所得。從圖中可見，從西元前一〇〇〇年到一八〇〇年，經過了二千八百年，人類的富裕程度幾乎不變。即使時間軸拉長至五十萬年（智人誕生）到五百萬年（最初的人類出現），恐怕也不會有太大變化。無論是以狩獵、採集爲生的舊石器時代或中世紀的都市、農村，人類都是想盡辦法才能勉強餬口。

「人口暴增」與「財富暴增」

既然如此，難道西元前一萬年左右發生的「農業革命」，對人類並未帶來任何改變？當然不是。

農業對智人的生存環境帶來的巨大改變就是**「人口暴增」**。

圖表16 西元前1000年至今每人平均所得的演變

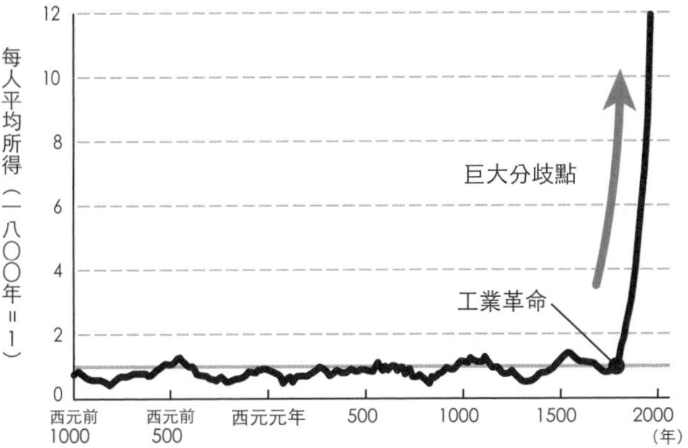

引自葛瑞里・克拉克《告別施捨：世界經濟簡史》

雖有各種說法，但一般認爲，十萬年前的世界人口，現代人（Modern Man，智人）與歐亞的早期智人（Archaic humans，如尼安德塔人〔Homo neanderthalensis〕）加起來不過五十萬人。智人擴散至全歐亞大陸是在一萬二千年前（冰河期結束時），當時也只有六百萬人左右。

農業的巨大改革使食物產量激增，從西元前一萬年至西元元年間，世界人口成長了一百倍之多（推定値爲四十～一百七十倍），世界整體的財富也隨之增加。但因人口也增長了相應數量，每人的平均財富幾乎不變。

如果說農業革命是人口暴增的原因，工業革命就是**「財富暴增」**的理由。凱撒時代（西元前一〇〇年～前四四年）的羅馬人如果穿越時空到達中世紀的羅馬，應該不會覺得不適應；但江戶時代（一六〇三～一八六八年）的日本人穿越時空到了現代東京，應該會因爲巨大的變化，而搞不清楚自己是否置身於同一個星球。

熱水變成水蒸氣之類的變化，物理學稱爲「相變」。當熱水變成水蒸氣的「相變」發生之臨界狀態，水會激烈沸騰。人類因農業革命而體驗到人口與文化的相變，因工業革命而經歷到技術與財富的相變。

十八世紀中，工業革命在歐洲的「邊境」——英國發生，我們因此投入前所未有的不同世界。不過在「世界史」的敘述方式中，古代、中世紀、近世（Early Modern Period）到現代（相變之後的世界）是連續的，以致多數人仍未注意到此翻天覆地的變化。

工業革命是科技革命，也是知識革命。**我們生活的現代，是與歷史上其他時代截然不同的「另一個世界」。**

我的人生由我自由選擇

工業革命後的十八世紀中到二十世紀初，屬於「現代前期」，特徵是追求由強大科學技術所帶來的財富。在這個時代，財富與土地（領土）結合，歐洲迅速走向現代化，列強間彼此競爭，積極對外殖民。一百年之後，位於亞洲的日本才成功現代化，殖民朝鮮半島與台灣，侵略中國。

殖民主義（帝國主義）引起兩次世界大戰，高達數千萬人戰死或餓死。人們經歷了奧斯威辛集中營與廣島原子彈爆炸，才終於結束「戰爭的世紀」。美蘇兩大超強國雖擁有可毀滅世界幾十次的核子武器，但大國間的戰爭已不可能發生（賽局理論的相互保證毀滅〔Mutual Assured Destruction〕，指對立的兩方中如果有一方全面使用核子武器則兩方都會被毀滅），國家的存在意義由領土的擴張變為經濟成長（增加國民財富）。這是「現代晚期」的開始，「福利國家」在此時誕生。

第二次世界大戰後，西方諸國以美國爲核心，自由主義國家之間展開貿易，創造空前繁榮的經濟。到了一九六〇年代，連最普通的平民，都得到了數百萬年來人類歷史上王公貴族所難以想像的巨大財富。

人類的價值觀因財富而產生極大改變。這種改變一言以蔽之，就是**「能自由選擇自己的人生」**。

或許有人覺得：「這不是理所當然的嗎？」會這麼想，是因爲我們已經生活在「現代晚期」。

不用說中世紀或近世，日本到了戰前（昭和前期），大部分人都沒有「自己選擇人生道路」這種稀奇古怪的想法。長子繼承家業；次子、三子或從軍，或前往都市掙錢；姊妹與父母決定的對象結婚、爲了兄弟的學費而賣身，都被視爲理所當然。

但到了一九六〇年代，這種現代前期的價值觀（生活方式）逐漸被視爲

「過去的歷史」，與古代與中世紀並無區別。選擇有興趣的職業、與喜歡的對象結婚、自由生活，成了天經地義的事。

這種變化之巨大，再怎麼強調也不爲過。如果說十八世紀中期的工業革命引起財富的相變，二十世紀中期就是發生價值觀的相變。此後，人們就生活在另一個新世界，即「自由的世界」。

政治上的自由、以自由社會爲目標的運動、自由化，加上龐大的財富，年輕人因而愈來愈自由。

因此，一九六〇年代末的美國產生各種嬉皮文化，如反越戰運動、民權運動、性解放運動、搖滾樂，人們戴花、贈花，象徵愛與和平（這種做法稱為「配花嬉皮」（Flower Child））。大約同時期，法國成立巴黎公社（五月革命）、日本發生安保鬥爭（學生運動），這一切都不是偶然的。透過電視、收音機播放的搖滾樂（次文化），已開發爲年輕人共享的新價值觀。

這些變化中，女權運動的成果人盡皆知。十七世紀的美國，婦女不用說選舉權，連財產權都不被承認。因爲妻子是丈夫的「所有物」，女兒是父親的「所有物」。

當社會逐漸富裕，女性開始接受高等教育，擁有更強的發言權。因此，一九六〇年代（第二期）的女性主義，出現了「男女權利一律平等」的「驚人」主張。

女性主義的「偏激思想」眨眼之間擴及全世界，顯示「價值觀的相變」不因歷史、文化、宗教而有差異。人們漸漸認爲，若能得到龐大的財富，無論男女，任何人都能自由地生活。

歐洲穆斯林問題的本質

「現代晚期」從一九六〇年代開始，此時的核心價値觀是「自由選擇自己的人生」，亦即「自我實現」。這點與「平等」息息相關。

道理很簡單：**「若不認可他者的自由，自己也不會擁有自由。」**這是「自由社會」的根本原理。

在自由的社會，人們認爲**「因爲我能自由生活，只要不侵犯我的利益，你也跟我一樣，擁有自由生活的權利」**，即「不干涉他者的自我實現」之意。簡單來說，就是「隨便你做什麼都可以」。

我們可由各式各樣的事件確認，世界在此意義之下走向「自由化」。殖民主義、奴隸制度及種族隔離之所以是「不能容許的惡」，是因爲這些制度因國籍（出身）、種族等「無法改變的屬性」而剝奪某些人的自由。在人人皆擁有「自我實現」權利的社會，大家對因種族、國籍、性別、宗教等因素而歧視他人之類的事，都極端反感；民權運動、女性主義、同性戀解放運動的意義也在此。

自由主義擁護LGBT的權利、支持同性婚姻，是因爲「要愛同性或異性是個人自由，要跟誰結婚是個人的事」。支持墮胎的自由，是因爲「你想不想生孩子與我無關」。在自由化世界的最先鋒荷蘭，性交易、吸食大麻、安樂死也都屬於個人自由。

連在天主教影響力強烈、被稱爲「全歐洲最保守」的愛爾蘭，也在二〇一八年五月經公民投票，廢止《憲法》中禁止人工流產的條款。這樣的事不用說在半世紀前，連在十年前都無法想像，但現在卻發生了，因爲全世界都在加速「自由化」。

日本的價值觀雖落後歐美一大截，但仍受「自由化」的潮流席捲，從社會對「夫妻不同姓」看法的改變即可見一斑。依據內閣府的調查，贊成夫妻不同姓的年輕人（三十九歲以下）超過五成，若再加上「同意在工作等場合使用婚前姓氏」者，支持度便高達八成。

保守派雖以「維護日本傳統」爲由，堅決反對夫妻不同姓，但這種主張已漸居劣勢。日本雖正朝向「右傾化」「保守化」發展，但多數國民贊同自由主義的主張：「要告訴別人自己姓什麼，由個人自由決定就可以了。」

自由主義的理想是「雖然無法選擇出身，但長大之後，所有人都有權自由選擇自己的人生」，亦即「能夠自我實現的社會」才是理想的社會。在現代社會，無法否定或反駁這項主張。妨礙個人自由者立即會被貼上「惡」的標籤，爲眾人唾棄。

這就是歐洲穆斯林問題的本質。要妻子、女兒戴上頭巾，遮住面孔，不讓丈夫（家族）以外的男性看見；不讓女兒接受高等教育，強迫她們結婚；認爲同性戀是「對神的褻瀆」。世俗化的歐洲，不可能接受這些被視爲「伊斯蘭教義」的事。因此，贊同自由主義的公民逐漸支持這種「極右」的邏輯：「如果要採取與現代市民社會不同的生活方式，那你們就給我出去！自己隨便搞吧！」

自由主義社會的功績主義

比起前現代的封建社會，將個人自由（自我實現）極大化的自由主義社會當然前進了一大步。這點固然值得高興，但在這樣的社會中，一切事物都是權衡下的結果，沒有兩全其美的事。

自由主義社會帶來兩種負面影響：一是自我實現與自我負責互爲表裡，另一是自由使共同體解體。

自由主義反對因種族、出身、宗教、國籍、性別、年齡、性取向、身心障礙等因素而歧視他人。因爲這些因素是本人的意志或努力無法改變的，會對自我實現造成阻礙。

但反過來說，「因本人的意志（幹勁）而產生階級差距是理所當然的」「努力會得到合理評價，並反映在社會地位與經濟的富裕上」。**這就是「功績主義」**（Meritocracy），**是自由主義社會的本質**。

一九四三年，沙特的《存在與虛無》在德國占領下的法國出版。這本書是膾炙人口的存在主義經典。他在書中指出，自由（自我實現）與自我負責是光與影的關係。書中鼓吹年輕人致力「社會參與」。沙特在書中寫道：

人類被處以自由之刑。因為人類一旦被投入這個世界，所作所為皆需自己負責。是否對（人生）賦予任何意義，全取決於自己。

「自我實現＝自我負責」的邏輯在一九六〇年代被移植至美國，長出「自我啓發」的果實。在肯定資本主義、頌揚在自由社會「活出自己」的新思想（正向心理學）中，開創人生是自己的責任，從中得到的成就感被視爲至高無上的價值。

自由主義的理想歸根結柢是自我負責

「全世界最自由的社會」北歐，現在被稱爲「新自由主義型福利國家」。在瑞典、丹麥、荷蘭等國，國家（社會）與國民（公民）是付出與取得（give and take）的關係，「只有對社會有貢獻者才能接受社會給付」的價值觀快速普及。

從前丹麥失業保險的給付期限爲七年，被稱爲「全世界福利最好的國家」。近幾年，丹麥對未滿三十歲者的教育訓練漸趨嚴格。二〇〇八年開始，領取失業補助三個月後，就有義務參加「人才活化計畫」，還需從事就業中心介紹的工作六個月，才符合給付的條件。

荷蘭是全世界首先廢止全職（非正職勞工）與兼職（正職勞工）之間差別待遇的國家，即使這個社會實行自由主義（或者說，正因實行自由主義之故），也在二〇〇四年實施《就業．生活保護法》。此法規定，十八歲以上、未滿六十五歲的公共救助金領取者原則上皆有就業義務，除非可證明有「迫切狀況」，否則不能免除此義務。只要職業介紹所介紹的是「一般可接受的工作」，公共救助金的領取者便不得拒絕（荷蘭性交易雖已合法化，但這並非「一般可接受」的工作，不可強制）。

社會愈自由，愈需要呼籲大家，無論多大年紀都要工作、納稅，退休後只要身體條件許可，可擔任當地志工，「用這樣的方式貢獻社會」。「永不退休的社會」亦指「必須一生持續社會參與的社會」。

這種情況下，二十多歲就退出勞動市場、靠公共救助金度日的年輕移民，受到的指責日益嚴重；他們沒有安身立命之處，也許某天就忽然變成恐怖分子。

很遺憾地，現代仍殘存各種不合理的差別待遇，但讓我們一起努力，在幾十年後或幾百年後打破所有歧視，實現完全平等的理想社會吧！到時，所有人都有平等的機會追求「自我實現」，一切障礙將被消除。

這樣的社會當然美好，但生活在這種社會中，選擇的結果只有自己承擔。**任何人都能自我實現的自由理想世界，歸根結柢就是自我負責的世界**。

「政治正確」的必要理由

如果價值觀變得多樣化，因每個人的好惡、思考方式及利害關係不同，「大家一起做某件事」的難度也會變高。在歐美，以教會爲核心的社群解體；在日本，町內會（日本村落或街道居民的自治組織）、工會、家長教師聯誼會等以往有強烈影響力的「中介組織」也爆發各種問題。

許多人慨嘆「現代人與人之間的接觸變少了」，但在從前，不用說中世紀，甚至江戶時代或戰前，對多數人而言，遇見「他人」（不認識的人）的機會，一年恐怕沒幾次吧！舊石器時代起，人類一直活在「只有熟人的世界」，從未體驗過現代這種每天必須與陌生人接觸的環境。

在日益複雜的社會中，**大家都為人際關係而精疲力竭；私人時間都想獨處，導致單身趨勢以已開發國家都市為主，迅速蔓延**。

自由社會中，極大限度地容許個人多樣性，少數團體也能自在生活；但反過來看，人際關係的管理就變得非常棘手。前現代的封建社會，只要知道對方的身分（所屬的共同體），就可知道該如何對待他。在自由的社會，無法只憑外表、衣著來判斷對方是什麼樣的人，只要措詞稍微有點差錯，便可能招來是非。

尤其日文是以尊敬語與謙讓語的組合來確定自己與對方的身分（上下關係），容易產生混淆。因「日文」的複雜而困惑的年輕人會使用「よろしかったでしょうか」這種離奇的敬語（正確用法應是「よろしいでしょうか」，會演變成「よろしかったでしょうか」是因為音調有點重音，刻意凸顯敬語的感覺），原因即在此。只要暫且小心翼翼地使用敬語，就能避免麻煩。

「政治正確」席捲世界，以歐美爲最。在美國，如果你的用字遣詞讓對方感覺「有歧視意味」，就是表現出「不自覺的歧視」，你會因此被譴責。媒體也常出現名人爲這類事件含淚道歉的畫面。

這也是社會自由化的一面。網路上，主張自己是「受害者」（善的一方），將他人貼上「歧視者」（惡的一方）標籤的謾罵言論，像傳染病般迅速擴散。

儘管保守派嚴加批判，全世界仍接受政治正確的意識，理由應該是爲了避免感染此「傳染病」，有必要遵守某些共同規則（規定）。

「政治正確」是指「在有各種種族、宗教信仰的人們共同生活之社會中，大家互相對待的方式」。無論其正確與否，只要遵守既定的規則，就能避免被批判爲「歧視者」。

「風險」由自己承擔

在財富豐沛的環境中，社會持續產生巨大變化，歐洲思想家首先注意到，這同時帶來正面與負面的後果。

德國社會學家貝克（Ulrich Beck）的《風險社會：通往另一個現代的路上》於一九八六年出版，大爲暢銷。因爲這本書的第一部〈在通往文明的火山口上：風險社會的輪廓〉中，論及核能發電之類難以控制、巨大的科學風險，而正好在那年，前蘇聯（現在的烏克蘭）的車諾比核電廠發生爐心熔毀事故。

因此，一九八八年的舊譯本（再版）只翻譯了科學批判的部分，第二部〈社會不平等的個人主義化：論工業社會生活方式的去傳統化〉在一九九八年全文譯出前，仍很少人知道。貝克在第二部說明，在「我就是我」的個人主義化社會中，生活方式與從前大爲不同，所有人都必須自負風險。

社會學家山田昌弘在《希望格差社會：「失敗組」的絕望感撕裂日本》（希望格差社会——「負け組」の絶望感が日本を引き裂く）中也提到這點。不過，

貝克所說的「風險」（risk）並非「危險」（danger）。

依據資產運用理論，風險並非損失（危險），而是利潤的泉源，統計學以「利潤與損失之差距」表示。

「高風險高報酬」指「高波動的金融商品（如股票）可能大賺，也可能大賠」，「低風險低報酬」則是指「波動小的金融商品（如存款、債券）不太會有損失，但也不會有太大的利潤」。在金融市場，冒風險與否，端看各投資者的意願決定。

在前現代的封建社會，「自己的人生由自己決定」是無法想像的事。相對地，現代晚期的「風險社會」，人生是否要冒風險，可任憑個人自由選擇。

有人選擇歌手、電影演員、運動選手、藝術家這類「高風險高報酬」的生活方式，也有人從事公務員之類「低風險低報酬」的職業。其中沒有對錯，因爲風險與報酬相稱，評論人生的優劣（如同評論金融商品的優劣）並無意義。

高風險的股票投資，投資者可能大賺，也可能大賠。同樣地，在風險社會，以「自由意志」選擇高風險人生者，其中一定會產生許多「失敗組」。貝克早在一九八〇年代便指出，既然無法回到（無風險的）封建社會，我們只得活在「風險社會」。

自我分析與自我控制

一九九〇年，英國社會學家紀登斯（Anthony Giddens）在《現代性的後果》（*The Consequences of Modernity*）中，提到「反身現代性」這個概念。「反身的」（recursive或reflexive）是邏輯學用語，指「定義某種事物之際，包含定義該事物本身」，也譯爲「自我指涉」「自我參照」（Self-reference）。

這有點難理解，以下我稍微說明。

在前現代的封建社會。自己是什麼人，是由「貴族」「農民」「奴隸」等身分來定義。但到了現代晚期，「身分」消失，「定義自我時便參照自我」。

從前所規定的屬性（身分），在現代已被視爲「歧視」，爲眾人所否定，成爲自我的瑣碎成分（宗教）。問「自己是什麼人」時，若沒有外部的標準，就只剩下內部（自己本人）的標準了。問「我是什麼樣的人」「我期待有什麼樣的未來」「希望從事什麼職業、談什麼樣的戀愛」「人生在世有何意義」等問題，就叫做「自我探索」。

在「以自我參照自我」的反身性現代社會，人們堅持「做自己」，持續探索「眞正的自我」。

反身性現代社會的另一特徵，就是「大敘事」（Grand Narrative）的消失。

在現代前期，「資本」與「勞動」被視爲對立，失業是「階級問題」，而非「個人問題」。「你會失業，是因爲你是『被剝削的勞工』，要擺脫失業的命運，只有藉由『革命』改變社會結構，別無他法。」——馬克思主義此一敘事之所以被廣爲接受（正確與否是另一回事），就是因爲宣告「你沒有任何責任」。

但在已進入「自由化」的現代晚期（反身性現代），每個勞工都成了擁有自由意志的「個人」，不把自己視爲「勞動階級」。如此一來，經濟上的成功或失敗（失業）都是自己的責任。從前的無產階級（Proletariat）成了「不穩定無產階級」（Precariat），這群人並不構成階級或社會階層。經濟上的困境被視爲個人生活方式的問題，自己也將此價值觀內化，認爲應「自我負責」。

在反身性現代社會，「社會」觀點轉變爲「個人」觀點。正確地掌握、管理「自己」，成了最重要的事。這就是「生涯規畫」，目標是以「自我分析」「自我控制」，把自己的價值最大化。

現代社會的這些現象，都能以反身性——「自己之外，無其他事物可參照」來解釋。

廢棄人

齊格蒙．包曼（Zygmunt Bauman）於第二次世界大戰前生於波蘭，戰爭時加入波蘭民兵，與納粹德國對戰。戰後就讀華沙大學，學習社會學，之後成爲講師。但因蘇聯、東歐的反猶太主義風潮，他被大學開除，奔走數國，最後落腳英國里茲大學，擔任社會學教授。包曼的著作《液態現代性》於二〇〇〇年問世。

包曼認爲，在自由的社會，傳統的社群（共同體）解體，人們走向液態化。此外，他也討論「液態」社會對人們而言，是祝福，還是詛咒？他這樣提問：「行使自由將伴隨艱苦，人類是想保持不自由的狀態，還是連解放的展望都不願意擁有？」

之後，包曼在《廢棄社會：過剩消費、無用人口，我們都將淪爲現代化的報廢物》等書中討論在液態化社會中吊車尾的人們。原書名「Wasted Lives」，直譯就是「廢棄的生命」。組成液態化社會下層的是「wasted humans」（人類廢棄物），也就是「廢棄人」。

「廢棄人」對這個社會是「多餘的」。包曼在書中直截了當地寫道：

其他人不需要你；他們沒有你的時候還能過得很好，甚至更好。對於你的

存在沒有不言自明的理由，對於你有權留在這裡的要求也沒有合理的解釋。被宣布為「過剩」的人表示**你已經被當作廢品處理**。

包曼認爲，「廢棄人」之首就是難民，其他從無家者、失業者，到不知何時會被解雇的菁英商務人士，各種人都有。

在液態化的現代（Liquid modernity）晚期，人人都能自由生活。這樣的社會固然美好，但若不持續將某些人排除在外，就不能維持「秩序」。**人類史上前所未有的繁榮背後，「多餘的」人們被送往廢棄物處理廠，或回收再生，或被棄置於垃圾山**。

如此看來，貝克的「風險社會」、紀登斯的「反身現代性」、包曼的「液態現代性」，其實講的是相同的現象——「自由的個人之自我實現」。這是從前人類史上不可能發生的「異常」體驗。

這樣的體驗，在一九八〇年代被稱爲「後現代」（Postmodern，即現代之後），但這個說法是錯的。因爲，「風險社會」「反身現代性」「液態現代性」是「**現代**（**Modern**）**這個理念**（**自我實現與自我負責**）**的完成式**」。

只有一點是確定的，就是「高度進展的現代」之液態化（流動化）是不可逆的。人人希望能更自由、富裕及幸福，「自由化」不會走回頭路。

既然如此，共同體將開始解體。從前，人際關係是固定的，在學校、公司、軍隊皆如此；現在，人際關係變得如同網路社群般即興（合得來的時候聚在一起，事情結束即解散），工作模式應該也是集合自由工作者在企畫單位進行。無法適應此劇烈變化的人便如同被秋風掃蕩的落葉般，堆積在某處，造成社會大幅動盪。

加速了「上級／下級」分裂的現代晚期光影，愈來愈顯而易見。

6　「自由」與「家庭」

我們生活的現代晚期，也是「知識社會」，因爲工業革命也是「知識革命」。

記者湯馬斯・佛里曼（Thomas L. Friedman）在書中訪談了Google研究機構「Google X」的CEO泰勒（Astro Teller），泰勒因此製作了圖表17，呈現科技（知識）與人類適應力的關係。

人類最初掌握的科技是石器。當時或許是將尖銳的石頭綁在樹枝尖端，當作矛使用。這是一大創新，但當時的科技水準遠不及人類的適應力，即使有人能運用自如，有人拙於運用，但所有共同體的成員都能理解該技術。

之後，農業革命引起人口暴增，都市產生權力階層化，科技則走向專業化。埃及神殿、馬雅文明金字塔等高水準的巨大建築物，以現代標準來看雖十

圖表17 科技與人類的適應力

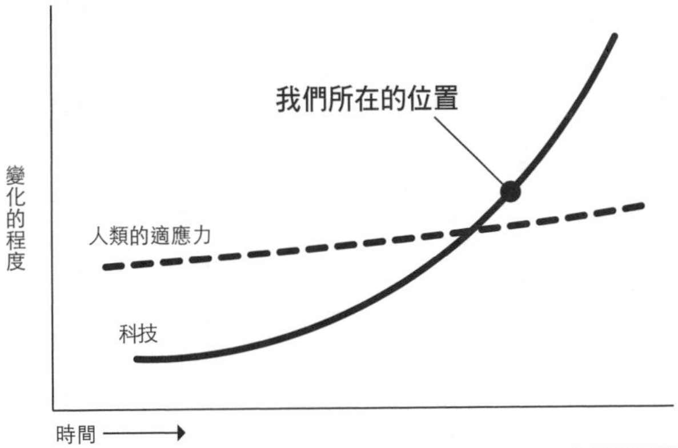

引自湯馬斯・佛里曼《謝謝你遲到了：一個樂觀主義者在加速時代的繁榮指引》

分驚人，但所使用的技術應仍在當時人類可理解的範圍內。

不過，工業革命同時也建立了知識社會，科技呈現指數型發展；如此，科技即從理解的事物轉變爲操作的事物。雖然電腦知識豐富者（宅男）能夠理解早期個人電腦的結構；但現在連專家都不可能完全掌握智慧型手機所使用的技術。

如圖表17所示，當今科技的水準已超越人類平均的適應力。

於是，龐大的財富集中於開發最尖端科技的少數知識階層（以矽谷的創業家爲代表）；另一方面，也出現了一大批不用說理解基礎技術，甚至連運用都有困難的人。「數位難民」不只有高齡者，最近許多年輕人只會用智慧型手機的觸控輸入。聽說有些人因爲不會用電腦的實體鍵盤，無法做行政作業。

知識社會化、自由化、全球化

因科技急速發展，富裕的「知識社會」到來，人們擺脫共同體的桎梏，依照個人的自由意志，追求自我實現，此即「自由化」。

「進化」的科技，使人、物品及金錢能夠超越國界移動，稱爲「全球化」。

這就是**「知識社會化」「自由化」「全球化」三位一體的現象**。

有些人認爲「世界逐漸右傾」，從川普當選總統、英國公民投票決定脫歐來看，確實如此；但其中恐怕有一半因素，可以用對「知識社會化、自由化、全球化」的反動來解釋。

一九六〇年代末的嬉皮運動之後，一九八一年，美國由雷根當選總統，被稱爲「自由主義的失敗」。

不過，新保守派（Neoconservative）等保守主義者並不否定「自由」的理念，只是批判破壞家庭價值的性解放與助長種族間「反向歧視」（Reverse Discrimination）的極端平權法案（Affirmative Action，積極糾正歧視的措施）等。這得到美國大眾的支持，因爲他們無法忍受沉溺毒品、濫交、大聲播放粗俗音樂（搖滾），以及在「公社」（Commune）中狂歡作樂的嬉皮行徑。

一九七〇年代以降的「右傾」是指**「反智主義、保守化、排外主義」**，這是對過度「知識社會化、自由化、全球化」的反動。

嬉皮文化的勝利

從賈伯斯身上便可看見自由主義並沒有「失敗」。

著名創業家賈伯斯創立了蘋果公司，使面臨險峻的公司起死回生，以iPhone獲得巨大成功。年輕時他穿著袈裟，赤足在校園到處走動的奇特行爲廣爲人知。他曾經在遊戲公司工作，也是爲了賺取去印度「尋找自我」的旅費。

池田純一在《網站 × 社交媒體 × 美國：「全球化時代」的構想力》（ウェブ×ソーシャル×アメリカ〈全球時代〉の構想力）中，指出賈伯斯是沉浸在新世紀的嬉皮，現在這樣的人物卻成爲矽谷英雄。他因胰臟癌過世之後，成爲不只美國，甚至是全世界最具影響力的偶像，因爲現在的矽谷繼承了一九六〇年代的嬉皮文化。

採取嬉皮生活方式的年輕富裕階層（New Rich）稱爲布波族（BoBos，Bourgeois Bohemian的簡稱。他們是資訊時代的菁英，兼具布爾喬亞〔Bourgeois，中產階級〕的消費能力與波希米亞人〔Bohemian〕的創意與自由，並將創意和情感轉化成為產品），這原本是揶揄逃避社會責任、追求享樂的法國年輕菁英（上級國民）的用語，美國專欄作家大衛・布魯克斯（David Brooks）則用來稱呼西岸新興的富裕階層。

一九八〇年代的雅痞（Yippie，young urban professional〔年輕都市專業人士〕的簡稱），是在紐約等大都市的金融機關任職，或擔任醫生、律師的高薪年輕菁英。布魯克斯注意到，西岸的成功者遠比穿著名牌西裝的東部商務人士更有波希米亞（嬉皮）的性質。

他們喜歡穿T恤、牛仔褲或連帽外套之類的休閒風服裝，不屬於任何公司（組織），以自由工作者的身分從事喜歡的工作。他們不去高級的法國餐廳，而和氣味相投的朋友一起到附近的時尚小酒館喝葡萄酒；假日時喜歡與家人在大自然中度過。布波族在政治上是自由派，打從心底輕視川普那種「金光閃閃的有錢人」，相信科技能創造「更好的未來、更好的世界」。

此種布波族的生活方式，現在持續在全世界普及。**配花嬉皮的時代至今已過了半世紀，「嬉皮文化的勝利」趨勢已愈來愈明顯。**

「絕望死」的白人

儘管世界持續「自由化」，但又看似「右傾」，其中的另一半因素是，愈來愈多人無法適應以已開發國家為核心的「知識社會」。

隨著知識社會的高度發展，工作上要求的知識門檻也愈來愈高。隨著全球化擴張，工廠轉移至人事費較便宜的新興國家，國內也容易雇用到低薪又認眞工作的移工。工廠若機械化，初期投資雖所費不貲，但機器與人類不同，可以一天工作二十四小時。

因此，藍領工人的工作漸漸消失；美國在矽谷率領的「知識社會化」之下，此現象最爲明顯。

川普的熱烈支持者是藍領階級白人，他們被稱爲「貧窮白人」或「白色垃圾」。

無論全世界或美國，人類整體的平均壽命都持續延長；但奇怪的是，美國二十五～二十九歲白人的死亡率在二〇〇〇年以降，就以年率二%的速率上升；五十～五十四歲白人的死亡趨勢更明顯，年率以五%的速率提高。

爲何只有美國白人的死亡率這麼高呢？因爲就算在白人之中，學歷在高中畢業以下者的死亡率，至少以全國平均兩倍以上的速率提升。

美國低學歷白人的高死亡率主因是藥物濫用、酒精及自殺，這稱爲「絕望死」。他們是美國的「廢棄人」。川普「發現」這些人，將他們變成自己的狂熱支持者，得到全世界最大的權力。

世界發生「不合常理的事件」

美國的貧富差距極度擴大，主要理由並非出自「貪得無厭的資本主義」，而單純是因爲市場規模巨大。

本書並不詳細說明這一點。不過數學家曼德博（Benoît B. Mandelbrot）發現，從洪水、地震到股票的市價變動、太空（星系團的配置），萬事萬物都由「世界的根本原理」，也就是「碎形」此種複雜系統所支配。碎形是冪次分配（Power-law distribution，事物的發展規模與次數成反比，規模愈大、次數愈少），財富（資產）的分配也不例外地遵循此法則（帕雷托分配〔Pareto distributions〕是日常生活中常見的冪次分配，帕雷托分配可歸納為一個簡潔的表述：透過市場交易，二〇％的人將擁有八〇％的財富）。

圖表18 冪次分配

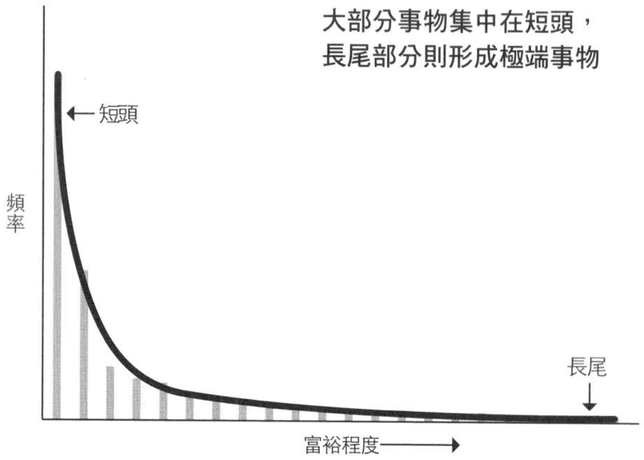

「冪次分配」（複雜系統）一般稱爲長尾，其分配型態如同在許多身高一公尺的小人之間，突然出現一個身高十公尺或一百公尺的巨人一般。

在冪次分配的情況下，大部分的事物、現象皆集中於平均（Short Head，短頭）附近，長尾部分則會發生意料之外的「不合常理事件」。最典型的例子就是網際網路上，大部分首頁的存取量一天大約數十、最多數千，但網絡的樞紐Google、Yahoo、Facebook等網點，則獲得了龐大的存取量。

在複雜系統中，因網絡擴張，中心與其他網點之間的「差距」自然會擴大。羽田機場是日本最大的樞紐機場，世界航空網絡的航班較多，其出發與抵達航次與地方機場的「差距」便愈大，但其中並無隱藏任何「不正當」之處。

複雜系統是「世界的根本原理」，資產也不例外地符合此原理。市場整體的財富愈多，即使其中沒有任何「不正當」的事，財富的差距也會自然擴大，因此才會出現比爾．蓋茲與傑佛瑞．貝佐斯這種資產超過九百多億美金的超富裕階層，他們的財富多到不合常理。

在此必須強調，網絡擴大所造成的差距與其說是「壞事」，毋寧說是「好事」。由GAFA（Google, Apple, Facebook, Amazon）等「勝利組」的領頭，網路使用上益發方便（儘管假新聞問題最近廣受批判），所有使用者因而受惠。

同樣地，經濟差距的擴大是全世界財富增長的結果。不只極少數的超富裕階層，也有龐大數量的人從中獲利。中國、印度曾是全世界最貧窮的國家，經短短數十年，已誕生了許多全球化企業，形成大規模的中間階層。**全球化使**

數億人脫貧，整體世界的不平等急速縮小，雖然批判「全球化主義」的人絕對不會同意這一點（布蘭科・米拉諾維奇〔Branko Milanović〕，《全球不平等：全球化時代的一種新取向》〔*Global Inequality: A New Approach for the Age of Globalization*〕）。

不過還有一個問題：「整體」世界變富裕，是以已開發國家中間階層的崩解爲補償。這是我們目前正在經歷的事。

預言「中產階級崩解」的經濟學家

自由派經濟學家賴希（Robert Bernard Reich）是前美國總統柯林頓任內的勞工部長。他早在一九九一年就在其暢銷全世界的著作《國家的作用》（*The Work of Nations：Preparing Ourselves for 21st-Century Capitalism*）中提出警告：「全球化」與「知識社會化」將造成美國的中產階級崩解。

賴希在這本書中，把未來美國人的工作分爲三類：①例行性的生產服務

（Routine Production Services）；② 親自服務（In - Person Services，對人服務）；③ 符號分析的服務（Symbolic - Analytic Services）。

例行性的生產服務是工廠勞動等「重複的單純作業」，是傳統藍領工人的工作，也包括反覆監看屬下工作、需遵守標準業務程序的管理業務、定期輸入或檢索資料等後勤部門的工作。

一九九〇年時，美國從事這類工作的人占全體受雇者的二五％。賴希預測隨著科技的進步與全球化（本國勞工被新興國家的低薪勞工取代），這類工作的比例將穩定減少。

到了二〇一四年，這本書出版約二十五年時，研究者採用跟當時同樣的方法進行調查，發現不只從事例行性生產服務的美國人降到二〇％以下，通膨調整後的薪資中位數也減少了一五％。

親自服務的工作「必須由人親自提供，因爲人的接觸是這類工作所不可或缺」，包括零售店售貨員、旅館或餐廳工作人員、照護機構職員、不動產仲介業者、幼教人員、居家醫療照護從事者、空服員、物理治療師、保全人員等。

一九九〇年時，從事這類工作的美國人約有三〇%，賴希預測人數將成長，但薪資會下降。因爲以前從事例行性生產服務的人（主要爲藍領工人）只能找到親自服務的工作，且多數移民也從事此類工作（內部全球化，Inner-Globalization）。勞動市場參與人數雖成長，但他們必須與自動櫃員機、電腦控制的現金出納機、自動洗車機、自動販賣機、自動加油機競爭。

二〇一四年時，「對人服務」的工作占全美國將近一半，新形成的就業機會大都屬於這個領域，但其薪資中位數經通膨調整後，尚且低於一九九〇年的水準。賴希沒想到的是，因科技快速進步，優步（Uber）登場，取代了計程車司機；Google的自動駕駛汽車嚴重威脅到高達四百五十萬名計程車、公車司機與清潔業從業員的就業機會。

創意階級的興起

符號分析的服務是有關「解決問題、發現問題、操作資料、語言、聲音、影像等符號的戰略性媒體」的工作，包括工程師、投資銀行家、法律專業人士、經營顧問、系統分析師、廣告與行銷專家、記者、電影製作者、大學教授等。賴希認爲這些工作的本質是，「使用數學演算法、法律議論、金融技術、科學法則、有力的話語或措詞、視覺模式、心理洞察、解開思考難題的技術等各種分析工具或創造工具，再建構抽象符號」。簡而言之，就是「知識性、創意性的工作」。

一九九〇年賴希預測，符號分析專家占美國受雇者的二〇％，其比例與薪資將持續增加。

事實上，財富的集中與貧富差距遠遠超過賴希所預測。當今的美國，最富裕的四百人擁有的財富，超過財富位居底層五〇％者所擁有財富之總和。最富裕的一％所擁有的財富，占美國個人資產的四二％。

一九八九年時，底層五〇%的家庭所擁有的財富占三%；二〇一四年時降至一%。一九七八年，上層〇．〇一%的家庭財富是所有家庭平均的二百二十倍；到了二〇一二年，更高達一千一百二十倍。比較通膨調整後的數字，全職勞工週薪的中位數從二〇〇〇年後開始下降，時薪的平均數也比四十年前還低。

取得勝利的同時，也歷經失敗

賴希身為自由主義者，無論如何無法忽視美國善良勞工即將面臨的黑暗未來；但他同時也是經濟學家，不可能提出「把移民趕回去」「廢止自由貿易」之類的粗糙主張。

在《國家的作用》一書中，賴希提出的處方是：向大企業與高所得者課稅當作重整公共教育的資金。隨著全球化與科技的進步，藍領工人的工作愈來愈少，服務業的薪資下降；在已開發國家中勞工唯一的路就只有「符號分析的服務」，亦即加入創意階級。

不過，與賴希的期待相反，美國低所得家庭孩子與高所得家庭孩子的學力差距愈來愈大。

一九八五年時，家庭資產居上層一〇%的孩子與底層一〇%的孩子，SAT（升大學適應性測驗）的平均分數差了九十分（滿分為八百分），二〇一四年拉大為一百二十五分。六十三個參加PISA（已開發國家學生評量調查）的國家中，不同所得家庭孩子的數學能力，以美國差距最大，高所得家庭孩子的閱讀能力比低所得家庭孩子平均高了一百一十分。

以賴希為主角、探討美國貧富差距的紀錄片《不平等的時代》，獲日舞影展評審團特殊成就獎，其中有一段賴希受託向某發電廠員工的演講花絮。

當時，該發電廠的員工正在討論是否要組織工會。一名投反對票的年輕人說，他認為目前十四美元的時薪沒有問題，他不想做更高時薪的工作：「我很想說那些賺幾百萬美金的人很棒，雖然我覺得如果我也上學、擁有會賺錢的腦袋，或許也能賺那麼多錢；但我沒去學校，也不聰明，才做身體勞動的工作。」

在貫徹「自我實現」與「自我負責」邏輯的美國，該貧窮年輕人率先接受了這樣的價值觀：有十億美元紅利的投資銀行CEO有那種價值，而時薪十四美元的年輕人只有這點價值。關於這種狀況，教育不僅無效，還有助於貧富差距的擴大。

三十年前的預測全部應驗，以經濟學家的立場，賴希大獲全勝；但站在自由主義者的立場，賴希卻一敗塗地（《拯救資本主義：在大翻轉年代，照顧多數人的福利，不是少數者的財富》）。

「新上流階級」聚集的都市

與賴希立場相反的保守派政治學者查爾斯．莫瑞（Charles Murray）與理查德．赫恩斯坦（Richard J. Herrnstein）合著的《鐘形曲線》（*The Bell Curve*）一書中，比較了白人與黑人的智商，早已惡名昭彰。

莫瑞因這本書而大受抨擊、備感困擾，他在下一本著作《分崩離析》

（*Coming Apart*）中，為迴避美國最棘手的種族問題，將分析對象設定在白人。他依據龐大的社會科學調查資料，驗證在歐裔白人中，大學或碩、博士畢業的知識階層與高中輟學的勞工階層，兩者在出社會後的人生軌跡有何差異。

莫瑞首先從郵遞區號與家戶所得統計調查中，清楚發現認知能力優秀的人（知識階層）與其他人分別住在不同的社區。

美國各地都有知識階層聚居的「超級社區」。全美最大規模的超級社區在華盛頓（特區），接著如紐約、舊金山（矽谷）也有，其次是洛杉磯與波士頓。

知識階層聚居華盛頓，是因為華盛頓屬於特殊的都市，是全國「政治」中心。這個區域的商機，只有擁有極高知識、才能與學歷的人才能掌握，包括國家機關人員、智庫研究員、顧問、議會記者等。

紐約是國際金融中心；矽谷是ＩＣＴ中心；（商業規模較遜色的）洛杉磯是演藝中心；波士頓則是教育產業中心。因全球化之故，美國文化、藝術、技術、商業模式的影響力也愈來愈大，從事順應全球化行業的人（創意階級）收入大增，於是出現了新的富裕階層。

莫瑞稱住在超級社區的人爲「新上流階級」。他們聚居同一社區的理由是，跟「像我們一樣的人」相處比較愉快。

新上流階級不會靠近麥當勞那種速食店，只喝葡萄酒或精釀啤酒，不抽菸。閱讀報紙的美國讀者數量雖然減少，但新上流階級中的自由派每天早上都會瀏覽《紐約時報》；保守派則會看《華爾街日報》。另外，他們也會定期購買、閱讀《紐約客》《經濟學人》或《滾石雜誌》。

他們基本上不看電視，也不聽收聽率高的廣播談話節目（內容多爲與聽眾在電話交談）。假日時光不會白天就坐在沙發上看運動節目，也不會去拉斯維加斯或迪士尼樂園，而是背著後背包，在加拿大或中美洲的大自然中消磨時光——正如大家所知，新上流階級是大衛．布魯克斯所說的「布波族」。

美國有支持民主黨的自由派（藍州）與支持共和黨的保守派（紅州）分裂的問題。比起政治信念相同的工人階級，新上流階級比較願意跟政治信念不同的新上流階級當鄰居。因爲若與興趣、嗜好不同的人在一起，也話不投機；而新上流階級的人如果不談政治，興趣與生活方式幾乎都相同。

「新下流階級」聚集的城鎮

莫瑞認爲，美國傳統美德包含「忠於婚姻」「勤勉」「誠實」「對宗教虔誠」四點。雖然有人表示異議，但比起孤單度日、失業、因犯罪受害恐懼而不信任任何人、疏遠教會的人，經營圓滿家庭、工作勤勉、信任鄰人、星期天去教會的人，幸福的可能性應該比較高吧！

莫瑞在書中虛構了兩個城鎮：貝爾蒙特（Belmont）和魚鎮（Fishtown）。居住在貝爾蒙特的是認知能力在前五〇%的新上流階級；而魚鎮居民則是最後三〇%的勞工階級。從任何標準來看，魚鎮「幸福的條件」都遠遠不及貝爾蒙特。

當然，莫瑞並沒有說「因爲個人智力低，所以不會幸福」。他指出魚鎮的居民有下列種種的問題行爲：許多人缺乏工作意願，沉溺於藥物、酒精，把嬰兒放著不管，自己跑出去玩等。這樣的人若超過一定比例，社區將無法負擔，共同體將會瓦解，整個城鎮將墮入「新下流階級」。

相對地，新上流階級極少有這類問題行爲（或者已被排除），仍能夠維持開國時代「古老而美好的」健全共同體。

於是，莫瑞反轉了兩極化社會中「貪婪的一％」與「善良的九九％」的結構。美國社會兩極化雖是事實，但美德並不存在「善良」的九九％之中，而是由「貪婪」的一％勉強保留下來。

這樣的說明可能還是令人難以想像。不過，現實中的魚鎮（善良的九九％）是賓州費城的低所得地區，居民幾乎都是白人。

這本書由一段訪談開啓。受訪者珍妮在一九八〇年代中期時二十歲，家中共有七個兄弟姊妹。因爲父親家暴，父母在她孩提時代就離婚了。

我在二十歲時生下兒子。十九歲懷孕、二十歲生產。姊姊早婚，也正好在那時懷孕。我跟當時交往的男友奉兒女之命結婚，雖然我想跟姊姊一樣，但不太順利。接著妹妹也懷孕了，我們成了孕婦三姊妹，這不是壞事，但我母親大驚失色。（後略）

接著是一位母親的訪談，她有個十六歲的女兒，就讀當地的天主教中學。

這四個月，女兒被邀約參加六次的「準媽媽派對」。（略）（女兒的學校）有五十二個女生懷孕，五十二個喔！真不像話。而且還有學生已經生產了。（略）因為大家都這樣，也不能說是誰的錯，但到底怎麼了？為什麼有這麼多孩子懷孕？在我學生時代，雖然偶爾也發生這種事，但一年最多只有四個。

莫瑞以「無法維持生計的男性」「一個人照顧孩子的單親媽媽」「孤立、無依靠的人」的三個標準，保守估計新下流階級的規模占三十歲以上、未滿五十歲白人的二成。

莫瑞於二〇一二年發表此事實——**在川普旋風橫掃的四年前，便已預見他會勝選。**

已開發國家也發生同樣的事

現在我想介紹日本的案例。這是當過高中老師的作者青砥恭在《高中輟學實錄——現今貧窮問題的產生》（ドキュメント高校中退—いま、貧乏がうまれる場所）中，寫了一個二十三歲女性里沙的故事。

里沙抱著孩子，笑咪咪地出現在青砥恭面前，說自己是「朝氣蓬勃、開朗的媽媽」。

里沙的父母皆出身埼玉縣，父親在東京的工廠操作金屬模具，母親在附近的工廠兼差夜班人員。里沙上高中時，父母已分居，高二那年父母離婚。之後，依靠母親的收入，拉拔著里沙和她妹妹，勉強度日。

里沙就讀當地吊車尾的高中。她忙於打工，高二的第一學期就沒去上學了。當時，同年入學的同學已消失大半。

里沙在高一時發生第一次性行爲，對方二十五歲，是在家庭餐廳打工的同事。之後有一年的時間，她住在大學生男友家，從男友家出發上學。

高三時，里沙懷孕了。孩子的爸爸當時約三十歲，似乎跟其他人另外生了一個孩子。里沙懷孕時，他們交往還未滿三個月。分手時，里沙說自己刪除了對方的手機電子信箱，現在也不知道對方的聯絡方式。跟男友分手後的里沙發現自己懷孕時，沒跟對方聯絡，也沒意願跟對方聯絡，也不想跟他要撫養費。里沙表示這樣最好，她不想把他視爲孩子的父親。

雖然孩子的父親是這樣的人，但她仍決定從高中輟學，生下孩子，因爲她之前曾墮胎過一次。母親幫她付生產費用，幫助她順利度過這段日子。

里沙的妹妹才二十歲，就有一個兩歲的孩子。她跟里沙就讀同一所高中。

高一時雖形式上辦了結婚，但兩個月後就離婚了。對方是高中同學。妹妹也是在懷孕時輟學，現在在柏青哥店打工，收入每月約十六萬日圓。

里沙家現在共有六個人，包括母親、母親二十多歲的男友、妹妹和她的孩子，以及里沙和自己的孩子。母親與男友似乎是在媽媽排球隊認識的，母親現在還有再生孩子的想法。

里沙與妹妹可領取兒童扶養補助。母親與妹妹雖有工作，但六人的家庭，家戶收入不到三十萬日圓，所以每個月該付的年金、保險、手機費都無法按時繳納。

里沙因高中輟學很難找到工作，想邊上夜校邊工作。

青砥恭問里沙：「母親與兩個女兒都是單親媽媽，接下來沒問題嗎？」

里沙說：「我會不安，但目前還不嚴重。我會盡最大努力，只是必須快點開始工作。」

在已開發國家的任何地方都有同樣的事情發生。

美國社會的分裂

在「自由化」的狂潮中，美國的「白人至上主義者」主張「我們是種族主義底下的犧牲者」。白人藍領階級跟不上中產階級的隊伍，他們自認是「受害者」，被東部或西岸菁英瞧不起，同時也因《平權法案》而被黑人「先發制人」。這些投票給排外主義的政黨或政治人物的白人，深怕蜂擁而至的移民會奪走自己的工作與權利，這樣的情事也在歐洲發生。

於是，主流的白人分裂爲上層階級與下層階級。不過在美國歷史上，白人歧視黑人被視爲「原罪」，下層階級的白人得不到任何同情，他們正是貨眞價實的「廢棄人」。

圖表19是因政治信念（政黨傾向）而分裂的美國結構圖。

美國白人大略可分爲「自由主義者」與「貧窮白人」。

白人自由主義者住在東部（紐約、波士頓）、西岸（洛杉磯、舊金山）等

「創意都市」，從事金融、教育、媒體、IT等高收入工作，支持照顧黑人、西班牙裔等弱勢團體的民主黨政策。

被稱爲貧窮白人或白色垃圾的白人，聚集在閒置破產工廠的鐵鏽地帶（Rust Belt，曾經擁有大量工業，但現在處於經濟困難的地區）。他們失去工作，因酒精、毒品、自殺而「絕望死」。他們認爲黑人因《平權法案》而得到不合理的優待，自己則被逼到美國社會的最底層。

他們失去了工作、家庭、朋友，除了自己是「白人」以外，沒有任何可自豪之處。這稱爲「白人至上主義」，但正確來說，應該叫做「白人認同主義」。認同（Identity）又譯爲「自我同一性」，但對人類這種徹頭徹尾的社會動物來說，「我」是被鑲嵌進社會裡的。在舊石器時代，歷經幾百年的狩獵採集社會中，被共同體放逐就代表死亡。因爲認同以「社會我」爲核心，在現代失去認同是極其恐怖的事。正因如此，貧窮白人才要緊緊抓住「白人」這個碩果僅存的認同。

白人自由主義者認爲「我們並不歧視黑人」，不過，美國社會仍有牢不可破的種族歧視。

若是如此，就出現一個問題：「誰在歧視黑人呢？」若不是白人自由主義者，那就只剩冥頑不靈又愚蠢的貧窮白人了。這就是支持川普的白人對支持民主黨的白人深惡痛絕的原因。

圖表19 美國社會的結構圖

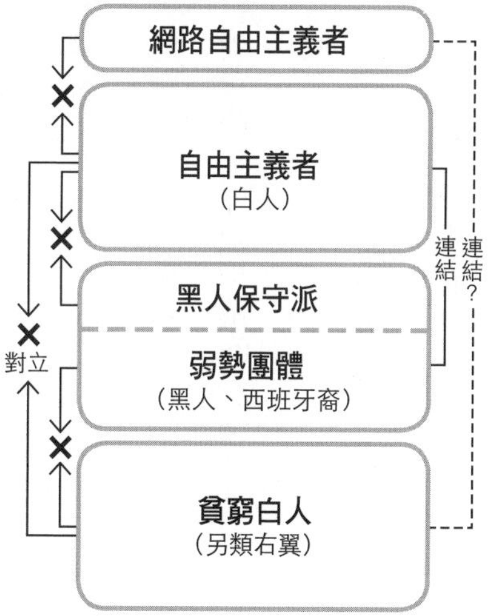

白人是美國社會主流，但貧窮白人抱持「弱勢」與「受害者」的意識。於是，美國社會分裂爲「上級國民」（白人自由主義者）與「下級國民」（貧窮白人），陷入無法收拾的政治混亂中。

被稱為另類右翼（Alt-Right，美國右派政治思想中反對主流保守主義的派別。這一派別總體上並無正式確定的政治理念，但其擁護者多支持二〇一六年大選中的共和黨候選人川普，贊同其公開反對非法移民，反對多元文化及反對政治正確的思想）的民粹主義意見領袖，在言論中適時摻雜假新聞，瘋狂散播他們的怨恨。這是川普支持者的堅固基礎，任何醜聞都不會讓支持率掉到相當的比例之下。

「黑人保守派」是哪些人？

美國白人之間存在著「自由主義者」與「貧窮白人」的對立，同時，「弱勢團體」（黑人）與「貧窮白人」在《平權法案》議題上也是對立的。當然，受惠於《平權法案》的黑人極度支持民主黨（自由主義）。

不過，弱勢團體中，有部分的知識階層大力批判自由主義，他們被稱為「黑人保守派」。其中的名人包括經濟學家湯瑪斯．索威爾（Thomas Sowell）、文藝評論家謝爾比．斯蒂爾（Shelby Steele）。黑人公民運動者蔑稱他們為「湯姆叔叔」（Uncle Tom，小說《湯姆叔叔的小屋》中奉承白人的黑人），以表達嫌惡之意；但在白人中，這些人相當受歡迎。

不過，黑人保守派並非阿諛白人，而是爲黑人的利益代言。《平權法案》中，弱勢團體升大學有優惠措施，這可讓他們用比白人（非優惠措施對象）或亞洲人低的分數進入醫學大學，當上醫生。

當你知道這樣的事（美國每個人都知道），在自己孩子生重病時，你會想找黑人醫師治療嗎？

在美國，連黑人患者都避免看黑人醫師。有些黑人並未受惠於《平權法案》，而以實力當上醫師，從他們的角度來看，這實在是無妄之災。不只醫師，連法律專業人士、會計師等專業都有這樣的「歧視」現象，因此，黑人保守派要求廢止所有對黑人的優惠措施。

富裕的網路自由主義者

網路自由主義者（Cyber-Libertarian，主張儘量減少政府對「自由」網際網路的管制、審查或其他任何行為）多爲矽谷的創業者、投資者或工程師，經濟上比自由主義者富裕，與貧窮白人毫無共同點；但其「以科技優先」的「政治不正確」態度，經常與自由主義者對立。

支持川普的網路自由主義者代表人物彼得．提爾與領導電動車公司特斯拉的伊隆．馬斯克合作開設金融新創公司，賺得大筆財富。據說他們是在Facebook的創業期就嗅到商機而進行投資。

提爾支持雷根總統的反共主義。他在就讀史丹佛大學時，因反對席捲全美學院派的多元文化主義，創辦保守派的學生報《史丹佛評論》（*The Stanford Review*），與之對抗。

在美國，有許多激進自由主義者眞心主張「男女除生殖器官之外一律相同」「白人、黑人及亞洲人，除膚色外沒有（不能有）任何不同」「知識與才能並非天生，任何孩子只要接受正確的教育，就能進入（哈佛或史丹佛等）一流大學」，最近被稱爲「左派」或「基進左派」（Radical Left）。提爾毫無顧忌地批判這些左派主張，因爲他認爲人類的演化並非遵循自由主義的價値觀。

於是，在「敵人的敵人就是朋友」的邏輯下，網路自由主義者與貧窮白人間產生了某種連結。「另類右翼」的意識型態被視爲「白人至上主義」，但其實是「用自由主義者（演化論者）理論武裝的右翼」。

在不同政黨傾向（政治信念）的社會調查中，發現右派自由主義者的學歷與所得皆高於左派自由主義者。全球化經濟的最終「勝利組」——網路自由主義者，與典型的「失敗組」——貧窮白人，攜手合作的奇妙景象，正在美國開展。

提爾在其著作《從0到1：打開世界運作的未知祕密，在意想不到之處發現價値》中，提到「達爾文主義或許能以其一貫邏輯運用在其他脈絡，但對於初創企業，最有用的還是智慧設計（Intelligent Design）」。

基督教基本教義派拒絕演化論，因爲它違反神的教誨。他們爲了在學校教導「（以《聖經》爲基礎的）正確歷史」，隱匿「神」的背景，主張「宇宙與自然界的神祕無法單憑科學解釋，而是由某種有智慧的存在所設計」。

提爾把這種反理性的信念解讀爲，得到智慧（亦即由「神」所賜之特別才能）的人，藉由科技的力量「設計」世界。此即提爾所說的「智慧設計」，這徹底暴露了其思想的危險本質。

「智能至上主義者」又被稱爲「密碼龐克」（Cypherpunk）、「加密無政府主義者」（Crypto Anarchist），他們帶領失去工作、持續脫離中產階級之列、支持川普的「貧窮白人」陰謀論者，共同對抗散布政治正確的華而不實言論、「菁英主義」的自由主義者。

這種異常結構，象徵知識社會深不可測的「黑暗」（木澤佐登志，《暗網・地下》〈ダークウェブ・アンダーグラウンド〉）。

一般美國人與菁英

前文提過，網路自由主義者（勝利組）與貧窮白人（失敗組）聯手，是因爲「敵人的敵人就是朋友」（對自由主義者的憎惡）；但我實在無法理解這樣的解釋。因爲這兩方不只是算計，而是在心情上似乎也能彼此同理。提爾在川普支持者的集會上演講，當場公開承認自己是男同性戀，得到眾人喝采。

社會學家片岡惠美在論文〈誰信任教師？：「怪獸家長」言論的驗證與對教師的信任〉（誰が教師を信頼しているのか 「モンスター・ペアレント」言説の検証と教師への信頼）中，驗證「愈自我中心的家長，愈會對教師提出無理要求」的說法。這裡所說的「自我中心」，指的是「只要不對他人造成困擾，想做什麼是個人自由」的價值觀，在日本被批判爲「自我負責的邏輯」；但在歐美，在「自由主義」的大原則之下，自由主義者大都抱持這種想法。

圖表20顯示不同性別、學歷對自由主義價值觀支持程度的關係。

女性的「自由主義者」以國中畢業最多，隨著學歷提高而減少，此趨勢相

圖表20 不同性別與學歷間「自由主義價值觀」的差異

針對「只要不對他人造成困擾，想做什麼是個人自由」的問題，
回答「同意」＋「有點同意」者之總計

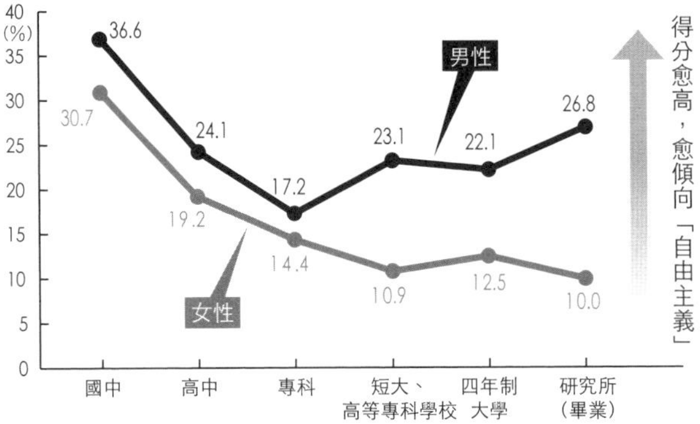

引自片岡惠美〈誰信任教師？〉

當明顯。有趣的是，學歷爲國中畢業（三六．六％）到專科學校（一七．二％）的男性「自由主義者」的比例下降，但到了研究所又逆轉爲二六．八％，高於高中畢業者。

由此可知，國中、高中畢業的男性低學歷者與大學、碩博士畢業的男性高學歷者，彼此共享自由主義的價值觀（只要不對他人造成困擾，想做什麼是個人自由）。

這種現象不只在日本發生。社會學家強納森．海德特（Jonathan Haidt）調查美國人的政治、道德態

度，發現「自由主義者就算其他的事幾乎全擱在一邊，也要擁護自由」，這就是他們跟共和黨（保守主義者）攜手合作的理由（強納森・海德特，《正義之心：為什麼人們總是堅持「我對你錯」》〔*The Righteous Mind*〕）。

「照自己喜歡的方式生活」的人生觀，存在於一般美國人跟菁英當中。

鄉民在氣什麼？

日本Yahoo!新聞上每天有由三百家媒體發布、四千則以上的報導，和十萬多則的鄉民留言。網頁的瀏覽人數以千萬為單位，總瀏覽數以億計算。在此新聞網頁發表評論者稱為「鄉民」。

文化人類學家木村忠正與Yahoo!新聞合作，分析對「國內」「國際」等焦點新聞的龐大留言，研究結果發表於《混種・民族誌：網路評論的質性研究與實踐》（ハイブリッド・エスノグラフィー：NC（ネットワークコミュニケーション）研究の質的方法と実践）一書。

依據木村忠正的研究，「鄉民」留言的動機包括：（以他們的道德觀念）覺得不合理、某種「正義感」，以及「對媒體的批判態度」。此外，對新聞的心情選項，他們大都選擇負面的形容詞。由此顯示，鄉民對某些事感到「不舒服」。

木村忠正將日本Yahoo!新聞「鄉民」的留言歸納為以下五類：

①對韓國、中國感到憤怒

②對受害者蒙受損失（加害者受人權保障）的憤怒

③將鄰近諸國視為外團體，尋求對「日本」的社會認同，具有想清楚表達與強化內團體意識的強烈動力

④對不尊重社會規範者的憤怒

⑤對媒體的批判

日本鄉民的特徵是「厭韓、反中」，或對「反日、賣國賊」的批判與攻擊。

這些特徵被視爲「直覺情緒大於理性」。在鄉民的內心深處，「內團體」「權威」「公正」（因果報應）有堅不可破的道德基礎。

在這樣的心境下（道德情操）形成的網路輿論，木村稱爲**「非弱勢團體的政治」**。

雖然「非弱勢團體」主要是指「社會主流」，但這些人覺得自己並未充分分享受到身爲「主流」的利益。其特徵爲對「社會救助」「使用嬰兒車」《少年法》（對未成年的保護）「LGBT」「沖繩」「中韓」「身心障礙者」等少數團體，採取批判、苛刻的態度，視弱勢團體的人權爲「弱者特權」「受害者炒作」，認爲他們只想獲取權利或賠償。

這正是我所說的「主流的下層階級」，他們有「下級國民意識」是理所當然的。

無論在美國或日本，恐怕全世界都走向主流的分裂。因爲所有社會都受到「知識社會化、自由化、全球化」的強大壓力，有龐大數量的人正往下墜落。

「離地族」與「在地族」

自由主義者與保守主義者即使政治上的意見相似，但在其他方面，例如雙方的生活方式，卻是南轅北轍。如莫瑞所發現的，高學歷、富裕階層的右派自由主義者與左派自由主義者同是「布波族」，即使與貧窮白人同桌，也幾乎無話可說。

右派與左派自由主義者都是能適應「知識社會化」與「全球化」的菁英，對於「白人」身分並無過度認同。身爲自由主義者，他們對不同種族或外國人、LGBT等弱勢團體持寬容態度，認爲「照你們喜歡的方式生存就可以了」。

於是，已開發國家的主流分裂爲兩個階層，英國記者大衛·古德哈特（David Goodhart）稱之爲「離地族」（Anywheres）與「在地族」（Somewheres）。

離地族指的是只要有工作，可以往任何地方遷移、生活的人。他們離開居住地就讀大學，畢業後留在該都市從事專業工作，抱持進步的價值觀，能適應成果主義與功績主義；贊成全球化與歐洲統合，接納移民，對同性婚姻持寬容態度。

在地族則是指從國中、高中畢業後，就在當地就職、結婚生子的人。他們重視共同體的秩序甚於個人權利，尊重宗教與傳統權威，被視爲「一般人」。

離地族與在地族的分裂因英國脫歐而明朗化，也顯示現代社會並非因種族、民族、宗教而分裂。莫瑞也認爲，美國社會並非白人與黑人種族對立，而是白人社會中貝爾蒙特（新上流階級）與魚鎮（新下流階級）的分裂。

爲何各地都出現同樣的結構？理由已無須說明。

因爲在知識社會，區分人們的是「知識與才能」。

「自由主義共和國」與「本國」

我將離地族（新上流階級）稱爲「自由主義共和國」，將在地族（新下流階級）稱為**「本國」**（Domestics）。

跨國工作的布波族有複數的認同：「白人」或「黑人」、「基督教」或「伊斯蘭教」等，不過度拘泥於一種認同。他們的價值觀與「身分認同主義」不合，於是自己打造超越國境的虛擬共同體，即「自由主義共和國」。

比起國內的白人身分認同主義者（本國人），美國的白人自由主義者可能覺得英國、加拿大、澳洲等英語圈的自由主義者更為親切。

在東亞，誇張呈現自己是「日本人」「韓國人」「中國人」等民族認同的人愈來愈多。「日本人認同主義者」除了自己是「日本人」以外，毫無其他可誇耀之處，同時也是「厭韓、反中」的「網右」。同樣地，韓國有「韓國人認同主義者」，中國也有「中國人認同主義者」，在網路上奮力煽動「反日」情緒。他們雖然彼此憎惡，但都過度堅持民族主義（國家），這點倒是非常相像。

另一方面，東亞的自由主義共和國正逐漸增加中。在全球化企業工作的日本人對韓國、中國自由主義商務人士的親切感，應該更甚於國內的「網右」（本國人）。同樣地，比起國內的「本國人」，韓國、中國的自由主義者對日本的自由主義者應該更覺親近。

如此，在「知識社會化、自由化、全球化」的大潮流之下，產生了全球化自由主義者的虛擬共同體——「自由主義共和國」，以及許多因國籍、種族、民族、宗教等而分裂的「本國」。

這種狀況最嚴重者當屬美國，我認爲二〇二〇年若川普再度當選，美國的「自由主義共和國」居民或許會對自己的社會感到索然無味。遇到「認同的衝突」只會引發不快的感覺，不是什麼好事。同樣地，在英國，「自由主義共和國」居民恐怕也不當脫歐派的「本國人」是同胞。

既然如此，自由主義者將逐漸閉居市郊的高級住宅，在網際網路的虛擬空間與全球的「自由主義共和國」聯繫，自由跨越國境，工作、享受假期。「布波族」（自由主義者）開始從現實世界撤退。

不只美國與英國，法國黃背心運動的暴力行爲歹戲拖棚、義大利左右派民粹主義政黨組成聯合政府，其實都是同樣的現象，當然日本也不例外。

因此，我們正處於「自由化世界的分裂」中。

結語　知識社會的終結

認同是「社會我」的核心，對十足的社會動物——人類來說，自我認同被否定所帶來的恐懼與痛苦，與身體遭受攻擊並無二致。

認同（對共同體的歸屬意識）也是區別「我們」與「那些傢伙」的指標，不過最適當的定義應該是**「自己一開始就擁有，而別人絕不可能得到的東西」**。黑人、亞洲人無論再努力，也無法擁有「白皮膚」。這就是在中產階級崩解之際，美國貧窮白人之「白人認同主義」急速擴張的理由。與其說他們是「種族歧視主義者」，不如說他們「除了自己是白人以外，毫無值得自豪之處」。

同樣地，「身爲男性」的認同，也是由「女性不能變得跟自己一樣」（除非變性）而形成，並產生「厭女」的性別歧視意識。這是「白人至上主義者」與「男性沙文主義者」極爲相似的原因。

認同有可能改變，但會產生其他的麻煩。

要成爲穆斯林（伊斯蘭教徒），必須宣告「除了阿拉以外，沒有信仰其他的神」。正因如此，IS（伊斯蘭國）之類的基本教義派爲了要區別「眞正的伊斯蘭」（我們）與「冒充的伊斯蘭」（那些傢伙）而走向過激行動。

日本的「網右」雖是「除了自己是日本人以外，無值得誇口之處」的愛國主義基本教義派，但國籍跟種族不同，是可以改變的。因此，對不順己意的人，他們便進行「在日認定」（「在日」是「外國人旅居日本」之意，在日認定指無論事實為何或有無根據，就斷定某人是「韓國人」），說「那些傢伙是韓國人，不是日本人」；爲了不讓他們入籍，成爲「（我們）日本人」，他們堅決反對外國人的（地方）參政權，呼籲「把他們趕回朝鮮半島」。

世界分割爲「我們」（善）與「那些傢伙」（惡）。以善惡二元論來理解世界是最簡單的事，從古希臘敘事詩到好萊塢電影，人類不斷編織「善討伐惡」的故事。接受世界的複雜性，懷疑對方爲「善」、己方爲「惡」的可能性，會動搖這個單純的世界觀。

愈來愈多人除了脆弱的認同外一無所有，這樣的情況侵蝕了現代社會，造成嚴重的問題。這些人名義上雖是主流，但意識上卻是「社會的弱者」，所以才對比自己更弱勢的團體表現出強烈的憎恨。

爲何世界各地都有認同不穩定、彼此憎恨的現象呢？原因就是常被提起的「階級差距擴大」與「社會分裂」；但造成階級差距與社會分裂的原因，並非「新自由主義化」或「全球化主義者的陰謀」。

我們身處極度富裕的「現代晚期」，這個時代產生知識社會化、自由化、全球化「三位一體」的巨大潮流，愈來愈勢不可當。這種「不合常理的變化」，在各個已開發國家同時引發許多相同的「問題」。

民粹主義是「對知識社會的抵抗運動」

人類經過漫長的演化過程，獲得各種能力。但工業革命以降的知識社會，是人類史上極度異常的社會，在其中，擁有邏輯、數學及語言能力者獨占財富與聲望。基因無論如何都無法因應如此急遽的環境變化，因此，不可避免地，有些人會被排擠出這個「異常富裕且自由的社會」。

知識社會的定義，就是具有高知識、才能者占極大優勢的社會。知識社會中的貧富差距就是「知識與才能的差距」。

知識、才能有天生的差異，是現代社會的最大禁忌，一直以來，大家都只能閉口不談。但全世界民粹主義興起，這個問題愈來愈無法忽視。無論川普現象或英國脫歐，都是民粹的反映，而**民粹主義就是「下級國民對知識社會的抵抗運動」**。

那麼，該如何解決這個難題？

對此，我也沒有什麼錦囊妙計。唯一確定的是，無論是「諸眾」（Multitude，未互相連結的群眾）或「左派民粹主義」所提出的願景，都沒有任何價值。

典型的「諸眾」，就是以黃背心為象徵符號的法國反政府運動者。他們的行動雖然是基於「大義」——反對新自由主義馬克宏政府的緊縮政策，但參加的示威者並非團體，而是個人的集結，也沒有領導者。因此，法國政府也苦於無法與抗議方「對話」。這正是「液態化」的現代晚期之典型光景。

被稱為「黑塊」（Black Bloc）的無政府主義者團體，混入示威者中進行破壞。他們不屬於特定組織，在可能與警察發生衝突的場合出沒，做出丟擲汽油彈、石頭等的暴力行為，破壞、縱火燒毀老字號咖啡店與名牌店。

日本新聞記者訪問穿著黃背心的二十歲世代示威者，對「黑塊」有何意見，得到的答案是：「若能對自己的行為負責，有何不可？」（《日本經濟新聞》二〇一九年四月七日〈燃燒巴黎的無政府主義者〉（パリを燃やした無政府主義者〉），這充分表現出「反身現代性」的核心：「自我負責」。

如果這就是「左派民粹主義」，其中何來「願景」？

「右派」與「左派」的網路自由主義者

二十世紀的革命運動以「更好的世界」「更好的未來」爲目標，卻導致悲慘的結局。現在，我認爲希望只殘存在「科技設計主義」中。科技的性能朝指數型發展，這幾年間，陸續出現ＡＩ、區塊鏈、基因編輯技術（CRISPR）之類任何人都無法想像的創新。

以矽谷爲據點的網路（科技）自由主義者認爲，或許明天就能開發出可解決現代社會難題的新科技。

我將這類「設計主義者」概略分爲左右兩派。

右派網路自由主義者尊重「自由」，不強制個人做出「正確選擇」，偶爾共同提出以輕推（Nudge，原意是「用手肘輕推」。運用適度誘因或鼓勵、提醒等方式，在不限制個人選擇自由的情況下改變人的決定）方式改變生活習慣的政策。

輕推理論的基礎是丹尼爾・康納曼（Daniel Kahneman）與阿莫斯・特沃斯基（Amos Tversky）所創始的行爲經濟學。此學派經過各種心理實驗，發現人類並非「理性的經濟人」（Econs），而是會做出不理性選擇的「普通人」（Human）。二〇一七年得到諾貝爾經濟學獎的理察・賽勒（Richard Thaler）與法學家凱斯・桑思汀（Cass R. Sunstein）反過來利用這個偏誤，提出各種誘導人們做出正確選擇的手法。其中眾所周知的是，使用「對改變初期設定猶豫不決」的偏誤，在加薪的同時自動增加公積金的企業年金制度。

右派網路自由主義者的輕推理論認爲，「設計出讓人在不知不覺中採取理性行動的最佳環境即可」，又被稱爲「好管閒事的自由主義」。他們贊成將徵稅、再分配等國家的「暴力」縮至最小限度，尊重個人的自由選擇（即使是經過誘導的選擇）。

不過這種漸進主義的方式，無法一口氣解決問題。實行「輕推」的同時，仍有許多人被排擠出知識社會之外。

雖然做了總比沒做好，但涓滴之力再如何累積，也看不出有修復社會巨大分裂的跡象。於是，「理想主義」的左派網路自由主義者，滿心期待可一次逆轉勝的滿壘全壘打——全民基本收入制（Universal Basic Income，UBI），亦即給付全體國民可保障「健康與文化生活」的資金。

全民基本收入制為何會破產？

我認爲從原理來看，全民基本收入制並不可行，但並非因缺乏財源之故。關於這點有許多討論，在不久的將來，裝載AI的機器人可取代所有工作，或許可向機器人徵稅來進行財富分配。

我擔心的是，這樣的「烏托邦」即使到來，也只會成爲人類史上最奇怪的「排外主義國家」。

依據二〇一五年世界銀行的報告，全世界約有七億三千六百萬的貧困階層，每日生活費不到一．九美元。換算成年收入，還不到二萬新台幣。

這種情況下，若日本引進全民基本收入制，只要是「日本人」便每月無條件給付二十萬日圓。或許左派會表示反對，因爲年收入不到二百四十萬日圓，

「這種小錢無法供給『健康與文化生活』」；但對世界上其他貧困階層來說，這可是夢幻數字。

依據現在的日本法律，日本籍父母所生子女可無條件成為日本人。日本男性與外籍女性結婚，妻子若未經歸化手續，就當不成「日本人」；但子女只要用出生證明向當地大使館、領事館提出申請，就能得到日本國籍。

在非洲等新興國家，有不少十～三十歲世代女性，生產子女數有十個左右。這樣的女性若與日本男性結婚，生一個孩子，每個月就能領二十萬日圓的基本收入；孩子若有十個，就能月領二百萬日圓，年領二千四百萬日圓。在貧窮國家，這是天文數字，年輕女性或許會因此蜂擁而至，與日本男性結婚。

若是如此，一定會有大量沒工作的日本男性想跟國外貧窮女性生下「日本籍」的孩子，快樂度日。畢竟，除了性行為，他們也無事可做。

窮人的「經濟理性」行為，確實會使富裕國家的基本收入制崩盤。

若想避免這種情況，只能嚴加管理「誰是『日本人』」。例如由國家定義

「日本人基因」，超過七〇%者才是基本收入制的支付對象。但這就眞的是「優生學」了。如此，日本將成爲人類史上最奇怪的「種族歧視國家」。

極度推崇基本收入制的人，絕對沒接觸過世界上龐大的貧困階層。因爲若承認這個事實，他們感覺良好、熱血沸騰的夢想就會因此破滅。

尤其，左派除了全民基本收入制外，沒有任何「願景」。今後，他們恐怕也只能使盡渾身解數，提出各種不同的「夢想」吧！

財富能分配，但性愛不能

我之所以對基本收入制有疑慮，不只是經濟上的原因。也許在遙遠的將來，因爲某種不可思議的創新，全世界所有人都能分配到可保障「健康與文化生活」的金錢。

若是如此，左派自由主義者應該會宣告「理想社會已達成」。因爲人類已經不需爲生活而工作，所有人都能依照自己的興趣與關懷，自由從事藝術、文化或運動等活動。

不過，即使這樣的世界到來，「幸福的社會」恐怕仍無法實現。也許有讀者已經注意到，基本收入制無法解決「受歡迎／不受歡迎」的問題。男性無法用與財富分配一樣的方式分配到女性。

如果大家都不需工作，從青春期的年輕人到壯年人，甚至老年人，人生的興趣一定會集中在性愛上（男人集中於性，女人集中於戀愛）。自由主義的理想社會，是任何人都能自我實現的自由社會，因此將成爲終極的「自由戀愛」世界。

在誰都不想結婚、建立家庭的「自由戀愛世界」，一夫一妻制的束縛已失去意義。如此一來，少數有魅力的男性（查德）便獨占了大部分有魅力的女性（史黛西），因爲這就是「人類的本性」。

這正是「非自願禁欲者」（不受歡迎者）所害怕的反烏托邦。

「貧富差距」若消失，其基礎「性愛差距」將以更清楚的面貌顯現，這恐怕會形成比現在更奇怪的「分裂」社會。

不過，不需要現在就開始擔心這種事。因爲在可見的未來，貧富差距不要說消失，根本連縮小都不可能。

無法區別「技術」與「魔術」的世界

如前所述，現代社會發生的所有現象，根源皆來自工業革命之後的「知識社會化」。知識社會中的貧富差距，就是「知識與才能的差距」。

若「知識社會」終結，知識與才能的差距便不再影響人生，其引發的「上級／下級」之分裂也將消失。

在狩獵採集社會，跑得快的人或許有壓倒性優勢，但現在也只有知名牙買加短跑名將「閃電」波特（Usain St. Leo Bolt）能靠此得到財富與聲望。因爲現在有汽車、電車、飛機等，沒有人會在乎跑步的速度。

在高度知識社會，科技性能超越人類平均的適應力，只有一部分具備高知

圖表21 知識社會的終結？

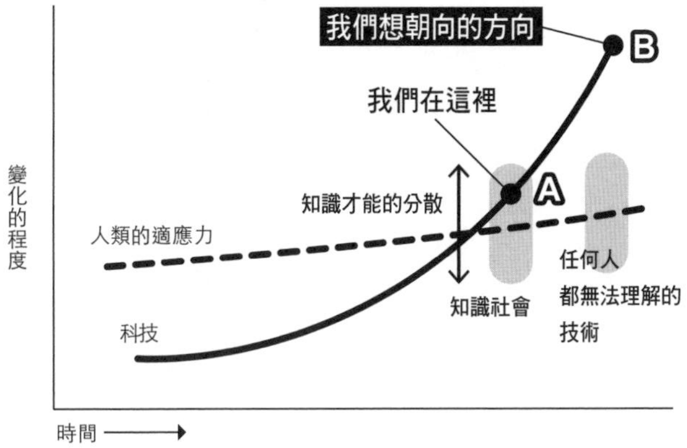

識技能的人才能理解。因此，財富集中於極少部分的「特權階層」（A點）。

不過，因科技性能朝指數型發展，若AI的智能遠超過人類，會發生什麼事呢？

如果到達B點，那樣的科技任何人都無法理解，機械（AI機器人）則能任意繼續「進化」。如此一來，**「技術」與「魔術」的區別將消失，知識與才能失去意義，知識社會走向終結。**

對現在的小孩子來說，努力用功

上知名大學似乎遠不如當YouTuber，這種現象被稱爲「教育的危機」。但我們的社會若持續向B點「進化」，他們的選擇就是正確的。對大多數人而言，「教育」遲早會變得毫無意義。

AI超越人類智慧的科技奇點（Technological Singularity），預測將在二〇四五年來臨。或許我們在令和時代，就會看到科技奇點從臨界狀態達到相變，「知識社會」走向終點。

後記

在知識社會化、自由化、全球化的狂潮之下，現代世界不分國家、歷史、文化、宗教等差異，愈來愈相似。因爲所有人都有相同的目標——更富裕、更自我、更自由、更幸福。

這種價值觀在「近代晚期」才出現在人類歷史上，今後也將更強烈地支配我們的生活與人生。

在這種情況下，歐美、日本等許多已開發國家的社會主流分裂爲「上級」與「下級」。在美國，伴隨全球化，白人中產階級崩解；在日本，一九九〇年代後半開始的「就業冰河期」破壞了年輕男性的就業機會，中高齡繭居問題（八十歲世代父母與五十歲世代子女間的問題，又稱「八〇五〇問題」）日益嚴重。不同國家表現「分裂」的方式雖有差異，但結局是相同的。

人類將如何生存在這樣的未來呢？對此，沒有適用於所有人的萬能處方，不過今後的工作策略大約有兩種趨勢。

第一種策略是在高度知識社會中，形成最佳化的人力資本。工程師、數據科學家等專業人士，現在跟藝術家一樣，十幾歲就嶄露頭角。矽谷的ＩＴ企業高薪雇用他們，最晚二十多歲到三十五歲前就賺到一生可用的財富，而這被視爲理所當然。

若採取這樣的生活方式，就沒有時間在大學中優游自在地學習一般的學識與素養了。現在有些線上大學教導高級的程式設計技術、頒發「奈米學位」（Nanodegree），這些大學畢業生將成爲科技業競相爭奪的人才。

另一種策略是蒐集Facebook、Twitter、Instagram的追蹤者，將這些「聲譽資本」換成現金來獲利，最典型的就是社群網站的網紅或YouTuber。在高度知識社會，利用科技提供的平台，便可能不加入任何公司組織，以自由工作者的身分，用自由的方式工作。

當然，也有極少數年收入數千萬的工程師、知名部落客或YouTuber。在我們身處的「異常富裕社會」中，擁有「理解最尖端技術，且能簡單明瞭地說明」「在社群網站發布新商品與服務等新訊息」之類的技術，應該也能得到相當的（或超越一般人的）收入。因爲「知識經濟」與「口碑經濟」共同進化，持續形成籠罩全球的巨大經濟圈。

但不可避免地，還是有人跟不上這股潮流。民主政治必須處理「掌權者的全體意見」近似「民粹主義」的問題。

無論是烏托邦還是反烏托邦，今後我們將看到「現代的最終結局」。

二〇一九年四月十三日（星期六），日本生物地理學會市民研究發表會在東京大學伊藤國際學術研究中心的伊藤謝恩廳舉辦，我發表了演講「自由化世界的分裂」，本書以此爲基礎增修而成。PART1〈「下級國民」的產生〉中的一部分，以「令和時代『不能說出口』的棘手事實」爲題，刊載於二〇一九年六月的《文藝春秋》月刊。

在此感謝下列人士：主辦研究發表會的日本生物地理學會會長森中定治先生、主持發表會的副會長三中信宏先生、擔任演講評論人的作家吉川浩滿先生、哲學家神戶和佳子小姐、生物地理學會會員春日井治先生，以及坐滿全場、超過四百位的與會者。我將會場上的提問、演講後聯誼會上大家的寶貴意見，皆於撰寫本書時列入參考。

二〇一九年七月　橘玲

Eurasian Publishing Group
圓神出版事業機構
用心與你對話・視野無限寬廣
先覺出版社
Prophet Press

www.booklife.com.tw　reader@mail.eurasian.com.tw

人文思潮 142

上級國民／下級國民：

當加薪、買房、搭郵輪、談戀愛、休長假永遠與你無關，還能怎麼辦？

作　　者／橘玲
譯　　者／林雯
發 行 人／簡志忠
出 版 者／先覺出版股份有限公司
地　　址／台北市南京東路四段50號6樓之1
電　　話／（02）2579-6600・2579-8800・2570-3939
傳　　真／（02）2579-0338・2577-3220・2570-3636
總 編 輯／陳秋月
資深主編／李宛蓁
責任編輯／林亞萱
校　　對／蔡忠穎・林亞萱
美術編輯／林雅錚
行銷企畫／詹怡慧・黃惟儂
印務統籌／劉鳳剛・高榮祥
監　　印／高榮祥
排　　版／陳采淇
經 銷 商／叩應股份有限公司
郵撥帳號／18707239
法律顧問／圓神出版事業機構法律顧問　蕭雄淋律師
印　　刷／祥峰印刷廠
2020年5月　初版

定價 310 元　ISBN 978-986-134-357-0

社會無法解決的問題，有可能靠個人的力量解決。

若能知道我們生活在什麼樣的社會、這個社會發生了什麼事，並能預測今後世界會變成什麼樣子（達到相當的準確度），對於自己與家人的生存、獲得幸福人生，必然大有助益。

——《上級國民／下級國民》

國家圖書館出版品預行編目資料

上級國民／下級國民：當加薪、買房、搭郵輪、談戀愛、休長假永遠與你無關，還能怎麼辦？／橘玲 著；林雯 譯；
-- 初版. -- 臺北市：先覺， 2020.05
240 面；14.8×20.8 公分（人文思潮；142）
ISBN 978-986-134-357-0（平裝）
1.階級社會 2.言論集

546.107　　109003181